PONS

Grammatik in Bildern
FRANZÖSISCH

von
Muriel Rist

PONS GmbH
Stuttgart

PONS

Grammatik in Bildern
FRANZÖSISCH

von
Muriel Rist

Auflage A1 6 5 4 3 / 2018 2017 2016 2015

www.pons.de
E-Mail: info@pons.de

Projektleitung: Canan Eulenberger-Özdamar
Redaktion: PONS GmbH
Bildredaktion: Canan Eulenberger-Özdamar
Logoentwurf: Erwin Poell, Heidelberg
Logoüberarbeitung: Sabine Redlin, Ludwigsburg
Titelfotos: alle Thinkstock - rusN (Hand), SurkovDimitri (Brücke), Baloncici(Baguette), Jacob (Pärchen)
Einbandgestaltung: Anne Helbich, Stuttgart
Layout: digraf.pl - dtp services
Satz: digraf.pl - dtp services
Druck und Bindung: www.schreckhase.de

Printed in the EU.
ISBN: 978-3-12-562686-7

Neugierig?
Dann treten Sie ein ...

... in ein neues Grammatikerlebnis!

Grammatik mit Bildern – warum?

Einer der Gründe sind Sie selbst und wahrscheinlich auch die Motivation, aus welcher heraus Sie dieses Buch in den Händen halten!

Die meisten Menschen, die eine Sprache lernen, möchten oder müssen sich mit Grammatik beschäftigen. Nicht allen ist wohl dabei und viele schrecken vor Textmassen und unverständlichen Regeln zurück.

Viele dieser Menschen gehören zu den sogenannten „visuellen Lerntypen“, die besser lernen, wenn Lerninhalte visuell, also bildsprachlich, aufbereitet sind.

Visuelles Lernen leicht gemacht

Bilder – aber nicht nur Bilder, sondern auch Grafiken, Formen und Farbe helfen unserem Gehirn, Texte zu strukturieren und zu verstehen.

Dieses Prinzip macht sich dieses Buch zunutze und so können komplexe und „trockene“ Regeln übersichtlich und einfach dargestellt werden.

Diese Grammatik ist dabe kein reines Bilderbuch vielmehr unterstützt die Visua- lisierung den Text, bricht die reine Textmasse auf und hilf Ihnen so, sprachliche Inhalte besser zu verstehen und zu verarbeiten

1 Bild sagt mehr als 1000 Worte

An diesem Sprichwort ist etwas Wahres dran, denn unser Gehirn kann Bilder und visuelle Darstellungen viel schneller aufnehmen als einen Text, der dieselben Inhalte wiedergibt. In der Tat benötigt es dafür nur den Bruchteil von Sekunden.

Werden Sie ruhig emotional ...

... denn an Dinge, für die Sie ein Gefühl entwickeln, erinnern Sie sich eine ganze Weile länger als an Dinge, die Sie „kaltlassen“.

Bilder und visuelle Darstellungen sind dabei bestens dazu geeignet, Emotionen zu vermitteln. Sie prägen sich leichter ein und sorgen für Motivation – die Grundlage für Ihren Lernerfolg!

Durch die Verknüpfung von grammatischen Inhalten und visuellen Darstellungen entsteht die Basis für entspanntes und positives Lernen.

So ist die GRAMMATIK IN BILDERN aufgebaut:

In diesem Buch finden Sie in 14 Kapiteln **alle wichtigen Grammatikthemen der Niveaus A1 – B2** für das Französische.

1 HALLO & WILLKOMMEN!

Jedes Kapitel begrüßt Sie freundlich mit einem großformatigen Bild und stellt Ihnen kurz vor, **worum es in diesem Kapitel geht**.

2 Einstieg – los geht's: SANFT & IN FARBE

Unsere Einstiegsseiten sind bewusst klar & schlicht gehalten, damit Sie sich zunächst nur aufs **Wesentliche** konzentrieren.

Die Doppelseite zeigt Ihnen, welche Themen Sie auf den nächsten Seiten erwarten. Nicht mehr und nicht weniger!

Das klare **Farbleitsystem** sorgt für Struktur und Ordnung, denn: Jede **Farbe steht für ein grammatisches Phänomen**, das im gesamten Kapitel ausschließlich durch diese Farbe gekennzeichnet wird.

3 Die Inhalte – AUGEN AUF UND DURCH!

Die **Farben** der Einstiegsseite werden in jedem Kapitel **konsequent fortgeführt** – so erkennen Sie immer, mit welchem Phänomen Sie sich gerade beschäftigen.

Das Zusammenspiel von **Farbe, grafischen Gestaltungen** und **Bildern** erleichtert Ihnen das Lernen und Memorieren.

Auf lange Textpassagen haben wir bewusst verzichtet, stattdessen finden Sie übersichtliche Lernportionen, die es Ihnen ermöglichen, sich zu konzentrieren und leicht & effizient zu lernen!

Jeder kann Grammatik lernen – Sie müssen nur noch loslegen!

Wir wünschen Ihnen viel Erfolg & Freude dabei.

Ihre PONS-Redaktion

INHALT

1 Der Artikel

Was sind Artikel und **wozu** brauche ich sie?

Welche Artikel gibt es im Französischen?

Und **wann** benutze ich welchen?

le
un
l'
des
les

Im Französischen gibt es, wie im Deutschen, den …

… bestimmten Artikel

	männlich	weiblich
Singular	le	la
Singular	l' vor einem Vokal oder stummem h	
Plural	les	

Schön einfach! Im Gegensatz zum Deutschen gibt es im Französischen nur einen männlichen und einen weiblichen Artikel. Es gibt kein Neutrum (das).

… und den **unbestimmten Artikel**

	männlich	weiblich
Singular	un	une
Plural	des	

Zusätzlich gibt es aber auch den ...

männlich	weiblich
du	**de la**
de l' vor einem Vokal oder stummem h	

... Teilungsartikel

Das Deutsche kennt den Teilungsartikel nicht. Also aufgepasst!

Das Geschlecht vieler Substantive ist im Französischen anders als im Deutschen. Lernen Sie daher den bestimmten Artikel im Singular (**le/la**) bei neuen Vokabeln immer gleich mit!

der Mond

die Sonne

Der bestimmte Artikel

Wie im Deutschen stehen die Artikel auch im Französischen vor den Substantiven.

	männlich	weiblich
Singular	**le ciel** der Himmel	**la terre** die Erde
Singular	**l' espace** der Weltraum	
Plural	**les étoiles** die Sterne	

L' a... e... i... o... u... y... h...

Vor Wörtern im Singular, die mit einem Vokal oder stummen h beginnen, steht als bestimmter Artikel **l'**. Dabei ist es egal, ob das folgende Wort männlich oder weiblich ist.

Wann ist ein **h** kein **stummes h**? Vor einigen Wörtern, die mit **h** beginnen, steht **kein Apostroph** und es wird auch **keine Liason** gesprochen:

le héros (unveränderlich Singular = Plural)
[ləeʀo] der Held
les héros (unveränderlich Singular = Plural)
[leeʀo] die Helden

l'homme
et
l'éléphant

Je cherche **l'Allemagne**.
Ich suche Deutschland.

Kontinenten, Ländern und Provinzen

J'apprends **le français**.
Ich lerne Französisch.

festen Wendungen

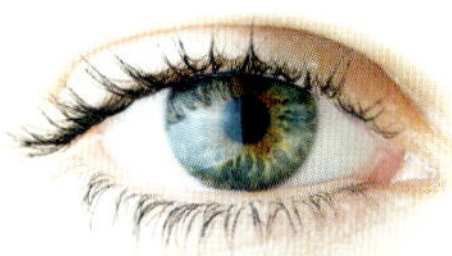

Körperteilen

Elle a **les yeux** verts.
Sie hat grüne Augen.

Aufgepasst! Im Französischen verwendet man den **bestimmten Artikel** auch dort, wo man ihn im Deutschen nicht braucht. Nämlich vor …

Zeitangaben, die eine Regelmäßigkeit ausdrücken

Le vendredi je mange de l'aioli.
Freitags esse ich Aioli.

der Gesamtheit einer Menge

J'aime **la confiture**.
Ich mag Marmelade.

Titeln

Le docteur Lacroix est en vacances.
Doktor Lacroix ist im Urlaub.

Das Geschlecht der Länder

Fast alle Länder, die auf e oder ie enden, sind weiblich.	Die meisten anderen Länder sind männlich.
la Chine	le Bresil
la France	le Canada
la Grèce	le Chili
la Suisse	le Danemark
la Croatie	le Japon
la Turquie	le Kazakhstan

Einige wenige stehen im Plural: **les** Etats-Unis , **les** Pays-Bas …

Wenn Ländernamen in Verbindung mit den Präpositionen **en**, **de** und **d'** stehen, wird der Artikel nicht verwendet:

Weibliche Ländernamen

Ma famille habite **en** France, mais mon père vient **de** Belgique et ma mère vient **d'**Allemagne.

Meine Familie wohnt **in** Frankreich, aber mein Vater kommt **aus** Belgien und meine Mutter kommt **aus** Deutschland.

Männliche Ländernamen & Länder im Plural

Ma famille habite **au** Canada, mais ma mère vient **du** Japon et mon père vient **des** Etats-Unis.

Meine Familie wohnt **in** Kanada, aber meine Mutter kommt **aus** Japan und mein Vater kommt **aus** den USA.

Folgen die Artikel **le** und **les** auf die Präpositionen **à** oder **de**, so verschmelzen sie mit ihnen zu einem Wort:

à + le = au	**de + le = du**
à + les = aux	**de + les = des**

z.B. mit **penser à**:
Je pense **au** théâtre, **à la** danse, **à** l'opéra et **aux** amis.

z.B. mit **parler de**:
Je parle **du** théâtre, **de la** danse, **de** l'opéra et **des** amis.

Der unbestimmte Artikel

	männlich	weiblich
Singular	**un** homme ein Mann	**une** femme eine Frau
Plural	**des** gens Menschen	

Sprechen Sie **un** wie in bass**in**.

Die Liason nach **des** ist dieselbe wie nach **les**: [z]
des hommes [dezɔm] die Männer
des enfants [dezãfã] die Kinder

Nach **un** oder **une**, sprechen Sie die Liason [n] vor einem Vokal oder einem stummen h:
un homme [oẽnɔm] ein Mann
une amie [ynami] eine Freundin

Plural:
Im Deutschen fällt der unbestimmte Artikel im Plural einfach weg. Im Französischen aber nicht!

J'achète **un** livre.
Ich kaufe ein Buch.

J'achète **des** livres.
Ich kaufe Bücher.

Sparsame Franzosen!
Anders als im Deutschen, werden die Substantive – und somit die dazugehörigen Artikel – nicht dekliniert (Nominativ, Akkusativ, Genitiv, Dativ). Das ergibt weniger Varianten für den Artikel.

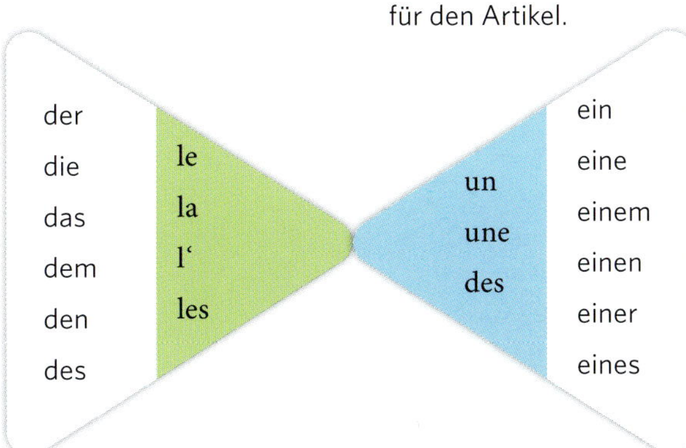

Der Teilungsartikel

Eine Sache, die es im Deutschen nicht gibt, ist der Teilungsartikel.
Er besteht aus der Präposition **de** und dem bestimmten Artikel **le**, **la** oder **l'**.

er lautet daher: ›

du
= Verschmelzung von
de + le

⌄ oder

de la

oder ‹

de l'

Den Teilungsartikel verwenden Sie ...

... wenn Sie den Teil eines Ganzen ausdrücken möchten

pain - Brot

confiture - Marmelade

eau - Wasser

Il prend

du pain,

de la confiture

et  **de l'**eau.

Er nimmt Brot, Marmelade und Wasser.

... bei festen Wendungen

faire + Aktivität:
faire du sport
faire de la danse ...
Sport treiben/tanzen

jouer + Instrument:
jouer du violon -
Geige spielen

Il joue
de la batterie
Er spielt Schlagzeug.

... bei unzählbaren Dingen, um eine unbestimmte Menge auszudrücken

temps - Zeit

chance - Glück

amour - Liebe

pluie - Regen

Tu as
de la chance !

Du hast Glück!

Leicht zu merken!
avec (mit) wird **mit**
sans (ohne) wird **ohne**
Teilungsartikel verwendet

Je prends mon café **avec** **du** lait
mais **sans** sucre.
Ich nehme meinen Kaffee mit Milch aber ohne Zucker.

Nach **de** und **sans** steht kein Teilungsartikel

Il rêve **de** femmes.
Er träumt von Frauen.

Une nuit **sans** lune.
Eine Nacht ohne Mond.

de / **sans** —✕→ **Substantiv**

Sollte jedoch etwas **Bestimmtes** gemeint sein, dann steht ein **Teilungsartikel** (**de** + **bestimmter Artikel**)

Il rêve **de la** femme qu'il aime.
Er träumt von der Frau, die er liebt.

de + ■
du, de la, de l' → **bestimmtes Substantiv**

Wenn eine Sorte oder Gattung als solche bezeichnet wird, steht kein Teilungsartikel.

J'aime **le** thé mais je préfère **le** champagne.
Ich mag Tee, aber ich bevorzuge Champagner.

✕ **le, la, l', les** → **Sorte oder Gattung**

Nach Verneinungselementen und Mengenangaben fällt der bestimmte Artikel beim Teilungsartikel weg.

Verneinungselemente

z.B.:

- pas – kein
- plus – kein ... mehr
- jamais – nie
- beaucoup – viel

de / d' + **Substantiv**

Mengenangaben

z.B.:

- peu – wenig
- assez – genug
- un litre – ein Liter
- un kilo – ein Kilo
- une bouteille – eine Flasche

Ein Kilo Tomaten, bitte.

2 Das Substantiv

Was sind Substantive?

Wann verwende ich sie?

Und **worauf** muss ich im Französischen achten?

Alle Substantive (Nomen) sind durch Geschlecht (**männlich** oder **weiblich**) und Zahl (**Singular** oder **Plural**) gekennzeichnet.

männlich

● Singular

masculin singulier

●● Plural

masculin pluriel

weiblich

féminin singulier

● Singular

féminin pluriel

●● Plural

Das Geschlecht

Das Geschlecht bei Lebewesen

Im Französischen gibt es nur männliche und weibliche Substantive. Es gibt kein Neutrum!

Bei Personen und Tieren nimmt man das Geschlecht, das die **Natur** vorgibt: So heißt der **Hahn** logischerweise **le coq** und das **Huhn** **la poule**.

Ähnlich wie im Deutschen bei **der Nachbar** / **die Nachbarin**, gibt es im Französischen bei Personen oder Tieren meistens für jedes Geschlecht eine eigene Endung:

un	ami	-	>	-e	une	amie
un	employé	-é	>	-ée	une	employée
un	acteur	-teur	>	-trice	une	actrice
un	vendeur	-eur	>	-euse	une	vendeuse
un	boulanger	-er	>	-ère	une	boulangère
un	voisin	-in	>	-ine	une	voisine
un	paysan	-an	>	-anne	une	paysanne
un	espion	-on	>	-onne	une	espionne
un	Italien	-ien	>	-ienne	une	Italienne
un	veuf	-f	>	-ve	une	veuve
un	tigre	-e	>	-esse	une	tigresse
un	Anglais	-ais	>	-aise	une	Anglaise

Lassen Sie sich von den wenigen Ausnahmen nicht runterziehen. Sie sind selten!

un pécheur	une pécheresse
un copain	une copine
un compagnon	une compagne

Eine Eselsbrücke!

le pécheur / la pécheresse
der Sünder / die Sünderin
le pêcheur / la pêcheuse
der Fischer / die Fischerin

Der Fischer hat einen „Angelhaken" (ˆ) auf dem e!

Manchmal sind die männlichen und weiblichen Substantive identisch. Das Geschlecht erkennen Sie dann am Artikel.

un élève	une élève
un enfant	une enfant
un journaliste	une journaliste
un secrétaire	une secrétaire

Für einige Berufe gibt es nur eine männliche Berufsbezeichnung.
(z.B.: **un ingénieur, un médecin, un reporter, un professeur**...)
Das Geschlecht erkennen Sie dann am Personalpronomen:
Elle est médecin. Sie ist Ärztin.

Es gibt auch Lebewesen, bei denen das männliche und weibliche Geschlecht mit unterschiedlichen Substantiven bezeichnet wird.

un homme	une femme
un garçon	une fille
un frère	une sœur

Das Geschlecht bei Sachen

Das Geschlecht von Wortgruppen

Substantive haben im Französischen oft ein anderes Geschlecht als im Deutschen (z.B.: **la lune der** Mond **le soleil die** Sonne).

Lernen Sie daher den Artikel immer mit dem Substantiv mit!

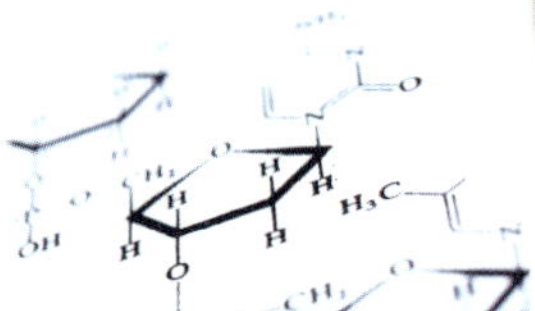

männlich
sind

Himmelsrichtungen
le nord, le sud
der Norden, der Süden

chemische Elemente
le mercure, le soufre
das Quecksilber, der Schwefel

Jahreszeiten
le printemps, l'été
der Frühling, der Sommer

Bäume
le chêne, le sapin
die Eiche, die Tanne

Metalle
le bronze, le platine
die Bronze, das Platin

Wochentage
le lundi, le vendredi
der Montag, der Freitag

Sprachen
le portugais, l'italien
das Portugiesische,
das Italienische

Transportmittel
le bus, le train, l'avion
der Bus, der Zug, das Flugzeug

weiblich
sind

die meisten Länder

la France, la Pologne
aber: le Danemark
Frankreich, Polen, Dänemark

die meisten Flüsse

la Seine, la Loire
aber: le Rhône, le Danube
die Seine, die Loire, die Rhône, die Donau

die meisten Wissenschaften

la géographie, la médecine
aber: le droit
die Geografie, die Medizin, die Rechtswissenschaft

Autonamen

la BMW, la Citroën
der BMW, der Citroën

le livre das Buch	la livre das Pfund
le mode die Art und Weise	la mode die Mode
le tour der Rundgang / die Fahrt / die Reise	la tour der Turm

Einige wenige Substantive existieren sowohl in **weiblicher** als auch **männlicher** Form.

Je nach Geschlecht haben sie eine andere Bedeutung!

J'ai fait le **tour** du monde et j'ai vu la **tour** Eiffel.
Ich habe eine Weltreise gemacht und ich habe den Eiffelturm gesehen.

Das Geschlecht bei bestimmten Wortendungen

Aus dem Klang der Endung das Geschlecht zu erkennen, ist oft der Schlüssel!
Dabei können mehrere unterschiedliche Schreibweisen denselben Klang haben.
Die meisten männlichen Substantive enden auf einen vokalischen Klang.

Substantive, die folgende Endungen aufweisen, sind meist **männlich**:

		Ausnahme
-aire	le commissaire, le dictionnaire	
-an (+Kons)	un an, le sang	
-ent	le vent, un agent	la dent
-ier	le métier, le cahier	
-et	le billet, le guichet	
-in	le vin, le voisin	la fin
-ain	le pain, le bain	la main
-ail	le travail, le détail	
-al	le cheval, un hôpital	
-isme	le tourisme, le socialisme	
-eau	le tableau, le bureau	une eau
-oir	le devoir, le pouvoir	
-teur	le moteur, un ordinateur	
-age	le garage, le visage	une image, la cage, la page, la plage
-ège	le collège, le manège	

Substantive, die auf -age und -ege enden, sind im Deutschen **weiblich**, während sie im Französischen **männlich** sind.
(die Garage, die Manege > le garage, le manège.)

Substantive, die folgende Endungen aufweisen, sind meist **weiblich**:

		Ausnahme
-ade	la promenade, la salade	le stade
-aille	la bataille	
-asse	la paillasse	
-ance	la distance, la confiance	
-ence	la différence, la concurrence	
-ée	la journée, une employée	le musée, le lycée
-elle	la nouvelle, la chandelle	
-ère	la bouchère, la panthère	
-esse	la jeunesse, la politesse	
-ette	la baguette, la cigarette	
-elle	la poubelle	
-euse	la vendeuse, la friteuse	
-eur	la douleur, la peur	
-ie	la boulangerie, la maladie	un incendie
-ité	la nationalité, la popularité	le comité
-ine	la cuisine, la semaine	le domaine
-ise	la maîtrise	
-ose	la névrose	
-otte	la menotte	
-sion, -tion	la télévision, la conversation	
-ure	la nature, la voiture	le mercure
-té	la bonté, la santé	le pâté, l'été
-tude	une habitude, une inquiétude	

Leicht gemerkt!

Die meisten **weiblichen Substantive** enden auf einen konsonantischen Klang.

Der Plural der Substantive

Einfach!
Die meisten Substantive klingen im Singular und im Plural gleich.
Die geschriebenen Unterschiede sind meistens nicht zu hören.

Im Plural erhalten die meisten Substantive einfach ein -s.

Dieses -s wird aber nicht ausgesprochen.

Singular		Plural
	>	-s
la main	>	les mains
l'arbre	>	les arbres
le trou	>	les trous
le détail	>	les détails

Singular		Plural
-s -x -z		Singular = Plural
le prix	>	les prix
le nez	>	les nez
le Français	>	les Français

Substantive, die im Singular auf -s, -x oder -z enden, bleiben im Plural unverändert.

Im Singular wie im Plural, werden diese Endbuchstaben nicht ausgesprochen.

Bei Substantiven, die auf -au und -eu enden, wird im Plural einfach ein -x angehängt.

Die Aussprache bleibt gleich:

-au [o] > [o]

-eu [ø] > [ø]

Singular		Plural
-au -eu	>	-x
le gâteau	>	les gâteaux
le jeu	>	les jeux

Ausnahme: le pneu > les pneus

Singular		Plural
-al	>	-aux
le journal	>	les journaux

Substantive auf -al enden im Plural mit -aux.

-al [al] > [o]

Wenige Substantive auf -ail enden im Plural auch mit -aux.
(le trav**ail** > les trav**aux**)

-ail [aj] > [o]

Es gibt 7 Ausnahmen -ou > -oux:
bijou, chou, pou, caillou, genou, joujou, hibou

Die Aussprache bleibt gleich:

-ou [u] > [u]

Großmutters Erinnerungs-Trick:

Venez mes choux, mes bijoux, mes joujoux sur mes genoux et jetez des cailloux à ces hiboux plein de poux !
Kommt meine Lieblinge, meine Schmuckstücke, meine Spielzeuge kommt auf meine Knie und werft mit Steinchen auf diese Eulen voller Läuse!

Nominativ, Akkusativ, Dativ und Genitiv

Im Französischen sind die 4 Fälle viel einfacher als im Deutschen.

- Es gibt keine Änderung des Artikels.
  (die 6 Artikel erscheinen immer als: le, la, les, un, une, des)
- Es gibt keine Änderung des Substantivs.
  (kein -s im Genitiv oder -n im Dativ Plural u.s.w. ...)
- Der Nominativ und der Akkusativ werden gleich gebildet.
  Der Dativ und der Genitiv werden wie folgt gebildet:

Gleiche Wortformen für Nominativ, Akkusativ, Dativ, Genitiv

Der **Dativ** wird mit der Präposition à gebildet:

La fée donne la beauté **à** la fille.
Die Fee gibt der Tochter Schönheit.

Der **Genitiv** wird mit der Präposition de gebildet

C'est la fille **de** la reine.
Das ist die Tochter der Königin.

Die Reihenfolge ist immer:
direktes Objekt (Akkusativ) **zuerst**,
indirektes Objekt (Dativ) **danach**.

La fée donne la beauté **à** la fille **de** la reine.
Die Fee gibt der Tochter der Königin Schönheit.

Die für das Deutsche typischen, manchmal endlos langen zusammengesetzten Substantive, (z.B. der **Kühlschranktürsicherheitsknopf**), gibt es im Französischen nicht. Zwischen die Substantiven setzt man stattdessen die Präposition de: le bouton de sécurité de la porte du frigidaire.

Achtung!

Unabhängig vom Fall, verschmelzen le und les mit den Präpositionen à und **de**:

à + le = au
à + les = aux

Kurz und knapp!

de + le = du
de + les = des

Le chevalier donne le dragon **au** fils **du** roi.
Der Ritter gibt dem Sohn des Königs den Drachen.

Les enfants donnent les biscuits **aux** chiens **des** voisins.
Die Kinder geben den Hunden der Nachbarn die Kekse.

3 Das Adjektiv

Was sind Adjektive ?

Wofür benötige ich sie?

Wie bilde ich sie?

heureux

malheureux

Das Adjektiv **gleicht** sich **immer** in **Zahl** und **Geschlecht** dem **Substantiv an**, auf das es sich **bezieht**.

Einfach!
Es gibt keine Änderung für Akkusativ, Dativ oder Genitiv wie im Deutschen. Ein Adjektiv hat nur 4 Formen, je nachdem, ob es sich auf ein männliches oder weibliches Substantiv bezieht und ob dieses im Singular oder Plural steht.

Im Wörterbuch finden Sie die Grundform des Adjektivs für **männlich Singular**.

grand

grande

weiblich Singular

grands

männlich Plural

grandes

weiblich Plural

Leichte Spielregeln!
Meistens genügen nur 2 Buchstaben,
um das Adjektiv an das Substantiv, das es
beschreibt, anzupassen:
weiblich > + e
Plural > + s

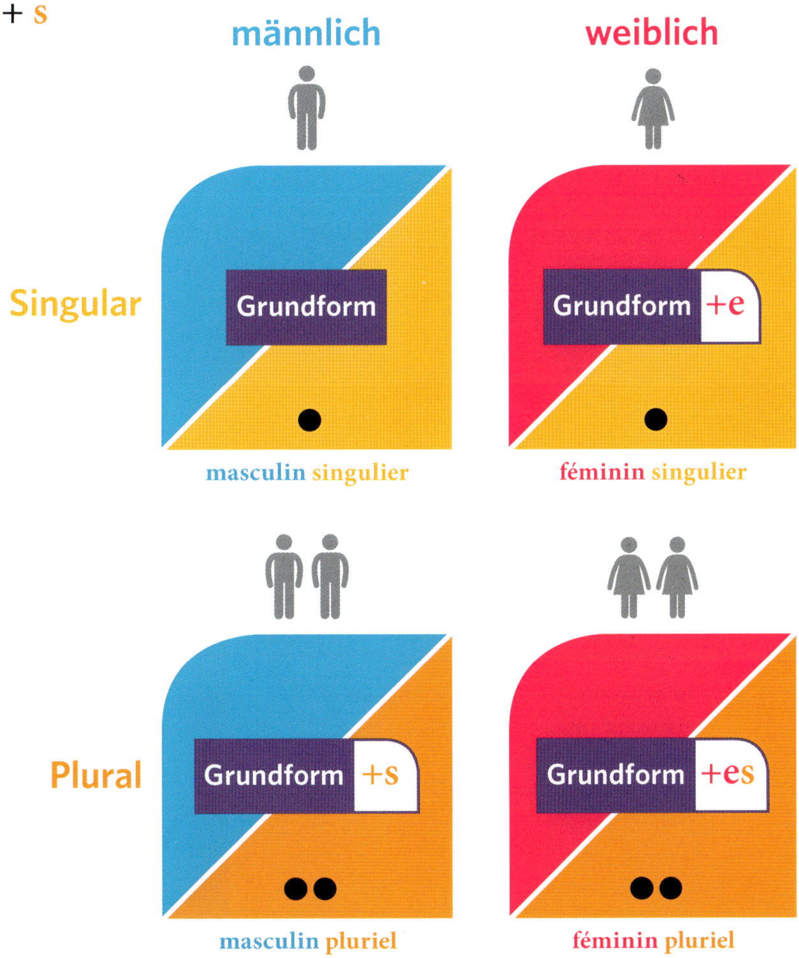

Les **grandes** choses sont plus **faciles** qu'on ne pense.
Die großen Dinge sind einfacher, als man denkt.
(Voltaire)

Die Stellung des Adjektivs

Die meisten **Adjektive**, insbesondere mehrsilbige Adjektive, stehen in der Regel **hinter** dem **Substantiv**.

Substantiv **Adjektiv**

une forêt **immense**
ein **riesiger** Wald

un film **excellent**
ein **hervorragender** Film

une conversation **importante**
ein **wichtiges** Gespräch

un roman **passionnant**
ein **spannender** Roman

Connaissez-vous les aventures **horrifiques**, **magnifiques**, **fantastiques**, **extravagantes**, **ébouriffantes**, **stupéfiantes**, **ahurissantes**, **hilarantes** et souvent très **instructives** du **bon** géant Gargantua, fils du non moins **gigantesque** Grandgousier ?
François Rabelais (1494 - 1553) Gargantua

Kennt ihr die **schreckenerregenden**, **großartigen**, **fantastischen**, **ausgefallenen**, **unglaublichen**, **verblüffenden**, **verwirrenden**, **urkomischen** und oft sehr **lehrreichen** Abenteuer des **guten** Riesen Gargantua, Sohn des nicht weniger **gigantischen** Grandgousier?

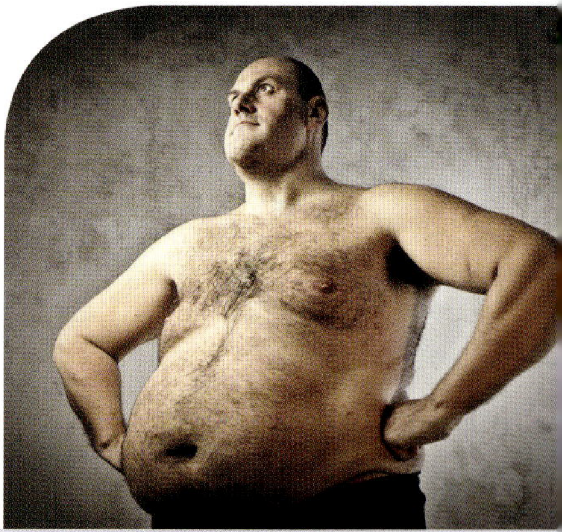

„Gargantua und Pantagruel" ist ein Romanzyklus von François Rabelais. Der junge Riese Pantagruel und dessen gefräßiger Vater Gargantua sind heute noch sehr bekannt.
Übergroße Menschen oder üppige Speisen bezeichnet man auch hierzulande als „gargantuesk".

Kurze und häufig gebrauchte **Adjektive** stehen vor dem Substantiv.

Adjektiv | **Substantiv**

Die wichtigsten sind …

un **beau** tableau
ein **schönes** Gemälde

beau, joli, laid
schön, hübsch, hässlich

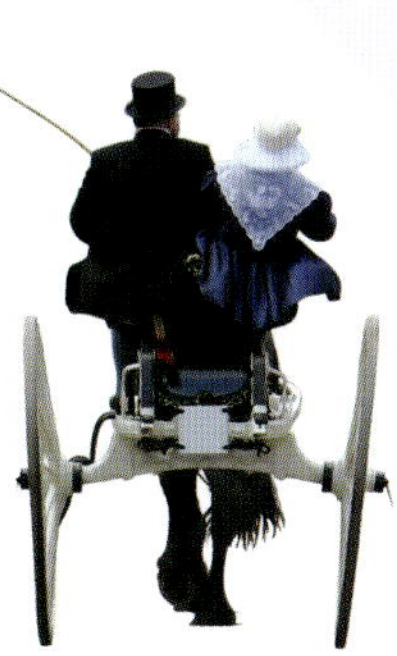

une **vielle** voiture
ein **alter** Wagen

jeune, vieux
jung, alt

grand, petit
groß, klein

le **petit** prince
der **kleine** Prinz

une **bonne** journée
ein **guter** Tag

bon, mauvais
gut, schlecht

Bei einigen wenigen Adjektiven ändert sich die Bedeutung, je nachdem, ob sie vor oder hinter dem Substantiv stehen, z.B.:

Adjektiv **Substantiv**

Es gibt leider keine Regel, aber diese Adjektive sind glücklicherweise selten. Hier sehen Sie die wichtigsten:

Substantiv **Adjektiv**

grand

un **grand** homme
ein **großartiger** Mann

un homme **grand**
ein **groß gewachsener** Mann

pauvre

un **pauvre** homme
ein **bedauernswerter** Mann

un homme **pauvre**
ein **armer** Mann

dernier

la **dernière** minute
die **letzte** Minute

l'année **dernière**
letztes Jahr / das **vorige** Jahr

Wie im Deutschen!
Das Adjektiv kann man **mit einem Verb verbinden**. Meist benutzt man dabei ein Verb, das einen Zustand ausdrückt wie **être**, **paraître**, **sembler** oder **rester**.

Sie	ist	**schön.**	Elle	**est**	**belle.**
	bleibt			**reste**	
	wirkt			**parait**	
	scheint			**semble**	

Elle est jolie mais le miroir est trompeur.
Sie ist hübsch, aber der Spiegel ist trügerisch.

Nicht wie im Deutschen!
Auch in diesem Fall **gleicht sich das** (prädikativ gebrauchte) **Adjektiv in Zahl und Geschlecht dem Substantiv an**, auf das es sich bezieht.

Die Formen des Adjektivs
(Geschlecht)

Die weibliche Form des Adjektivs bildet man, indem man an die männliche Form ein -e anhängt.

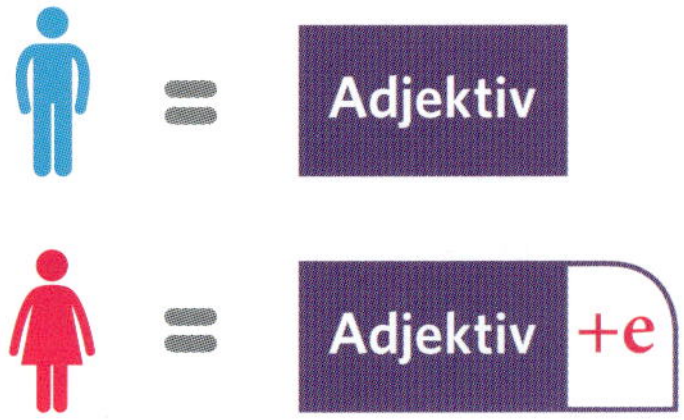

Die meisten Adjektive + -e

Endet die männliche Form bereits auf -e (nicht auf é), so bleibt die weibliche Form unverändert.

-e = -e

le livre **rouge**
das **rote** Buch

la voiture **rouge**
das **rote** Auto

Adjektive, die folgende **Endungen** haben, weisen Besonderheiten bei der Bildung der **weiblichen** Formen auf:

Tipp: Die meisten Wörterbücher enthalten Hinweise auf die Bildung der weiblichen Form.

männlich	Endung		Endung	weiblich	
léger	**-er [e]**	>	**-ère [ɛʀ]**	légère	+ Accent grave (`) auf dem e

männlich	Endung		Endung	weiblich	
turc	**-c**	>	**-que**	turque	Änderung des letzten Buchstabens
actif	**-f**		**-ve**	active	

Aber! **blanc-blanche**, **sec-sèche**, **grec-grecque**

männlich	Endung		Endung	weiblich	
coquet	**-et**	>	**-ette**	coquette	Doppelung des letzten Buchstabens
naturel	**-el**		**-elle**	naturelle	
gentil	**-il**		**-ille**	gentille	
européen	**-en**		**-enne**	européenne	
bon	**-on**		**-onne**	bonne	
gros	**-os**		**-osse**	grosse	

Aber! **complet-complète**, **secret-secrète**

männlich	Endung		Endung	weiblich
heureux	**-eux**	>	**-euse**	heureuse
menteur	**-eur**		**-euse**	menteuse
conservateur	**-teur**		**-trice**	conservatrice

Aber! **meilleur-meilleur**, **inférieur-inférieure**, **supérieur-supérieure**

Sonderfälle bei weiblichen Formen

männlich		weiblich
frais	>	fraîche
favori		favorite
long		longue
fou		folle
mou		molle

Die Formen des Adjektivs
(Zahl)

Der Plural wird durch Anhängen von -s an die jeweilige Form des Singulars gebildet.

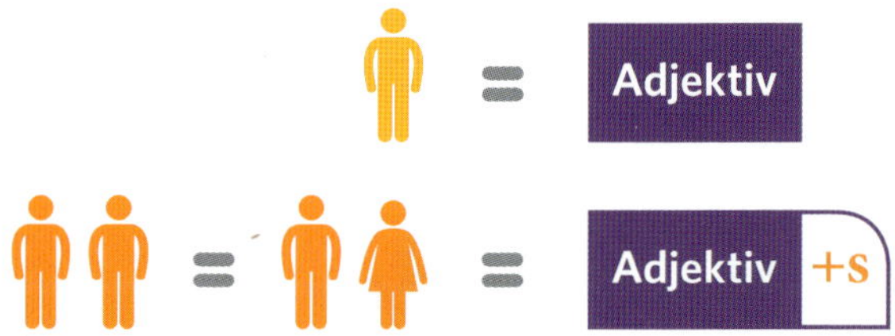

Die meisten Adjektive + **-s**

le **petit** arbre
der **kleine** Baum

les **petits** arbres
die **kleinen** Bäume

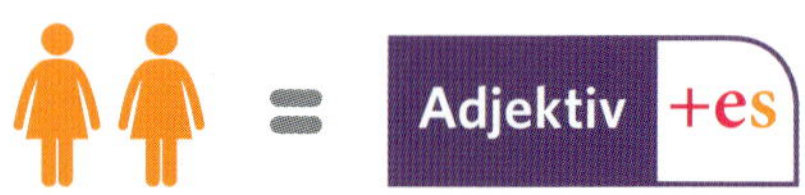

-e + **-s**

la **petite** maison
das **kleine** Haus

les **petites** maisons
die **kleinen** Häuser

Logisch!
Da die weibliche Form mit **-e** endet, endet sie im Plural mit **-es**

Sonderfälle bei der Pluralbildung

un **gros** sac
eine **große** Tasche

des **gros** sacs
große Taschen

Adjektive auf -s oder -x bleiben im Plural unverändert.

-s / -x > -s / -x

Adjektive auf -eau erhalten im Plural ein -x.

-eau > -eaux

le **beau** jour
der **schöne** Tag

les **beaux** jours
die **schönen** Tage

-al > -aux

un jeu **genial**
ein **geniales** Spiel

des jeux **géniaux**
geniale Spiele

Die meisten Adjektive auf -al bilden den männlichen Plural auf -aux.
(Die weibliche Pluralfom bleibt regelmäßig: Singularform +s).

Es gibt aber auch Adjektive, die auf -al enden, und einfach ein -s im Plural bekommen. (banal-banals, final-finals, fatal-fatals, naval-navals)

Sie machen es sich leichter, wenn Sie bei jedem neuen Adjektiv auf -al den männlichen Plural einfach gleich mitlernen!

un problème **banal**
ein **banales** Problem

> des problèmes **banals**
banale Probleme

Die Adjektive
beau schön, **nouveau** neu und **vieux** alt

	♂	♀
●	le **beau** café le **bel** arbre (vor Vokal oder stummem h)	la **belle** ville
●●	les **beaux** cafés	les **belles** villes

Elegante Liaisons! Für den schöneren Klang zwischen Adjektiv und nachfolgendem Substantiv, haben beau, nouveau und vieux jeweils eine zusätzliche männliche Form im Singular.

Bel, nouvel oder vieil stehen vor einem Vokal oder stummem h, um eine unschöne Liaison wie o_a oder e_o zu vermeiden.

●	le **nouveau** café le **nouvel** arbre (Vor Vokal oder stummem h)	la **nouvelle** ville
●●	les **nouveaux** cafés	les **nouvelles** villes

	♂	♀
●	le **vieux** café le **vieil** arbre (Vor Vokal oder stummem h)	la **vieille** ville
●●	les **vieux** cafés	les **vieilles** villes

Bei prädikativem Gebrauch verwendet man die Grundform, da das Adjektiv nicht mehr vor Vokal bzw. stummem h steht, (z.B: l'hotel est beau).

Eine zweite männliche Form vor Vokal und stummem h gibt es auch bei: mou / mol weich und für fou / fol verrückt, wahnsinnig:
un amour fou / un fol amour eine verrückte Liebe

Einfachere Adjektive

Die Adjektive **sympa** nett
und **chic** schick
haben nur 2 Formen:
Singular & **Plural**.

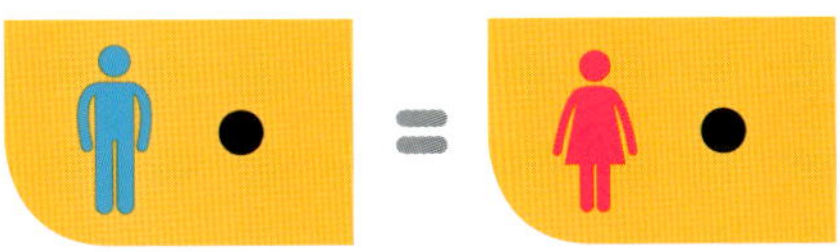

un garçon **sympa**
ein **netter** Junge

une fille **sympa**
ein **nettes** Mädchen

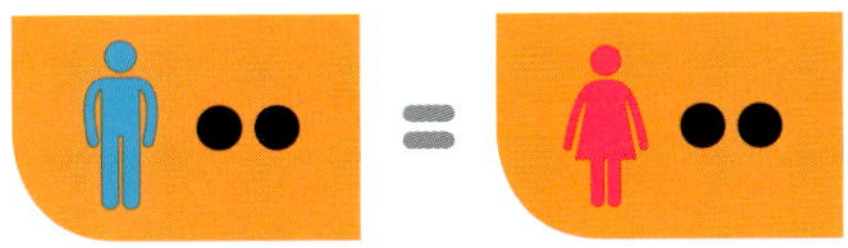

des garçons **sympas**
nette Jungen

des filles **sympas**
nette Mädchen

Einige wenige Adjektive werden
grundsätzlich nicht verändert.

z.B.: **bon marché** günstig, **marron**, braun,
orange, **super** !

J'ai vu des jupes **orange super** !
Ich habe **super orangefarbene** Röcke
gesehen!

belle	**nouvelle**	**grande** - / e	**géniale** - / e	**vieille**
coquette et / ette	**naturelle** el / elle	**elle est**	**légère** er / ère	**neuve** f / ve
bonne on / onne	**gentille** il / ille		**heureuse** eux / euse	**sympa** - / -
grosse os / osse	**européenne** en / enne	**jeune** e / e	**menteuse** eur / euse	**concervatrice** teur / trice

beau schön	**nouveau** neu	**grand** groß	**génial** genial	**vieux** alt
coquet kokett	**naturel** natürlich	**il est**	**léger** leicht	**neuf** neu
bon gut	**gentil** freundlich		**heureux** glücklich	**sympa** nett
gros dick	**européen** europäisch	**jeune** jung	**menteur** lügnerisch	**conservateur** konservativ

belles	**nouvelles**	**grandes** - / s	**géniales** - / s	**vieilles**
coquettes - / s	**naturelles** - / s	**elles sont**	**légères** - / s	**neuves** - / s
bonnes - / s	**gentilles** - / s		**heureuses** - / s	**sympas** - / s
grosses - / s	**européennes** - / s	**jeunes** - / s	**menteuses** - / s	**concervatrices** - / s

beaux eau / eaux	**nouveaux** eau / eaux	**grands** - / s	**géniaux** al / aux	**vieux** x / x
coquets - / s	**naturels** - / s	**ils sont**	**légers** - / s	**neufs** - / s
bons - / s	**gentils** - / s		**heureux** x / x	**sympa** - / s
gros s / s	**européens** - / s	**jeunes** - / s	**menteurs** - / s	**concervateurs** - / s

Die Steigerung der Adjektive

Der Komparativ

Der Komparativ wird mit den einfachsten Begriffen der Mathematik gebildet, nämlich mit:

plus, plus **moins** minus oder **aussi** gleich

vor dem Adjektiv und **que** als/wie nach dem Adjektiv.

Wie immer!
Das Adjektiv **gleicht sich** in **Zahl** und **Geschlecht** dem **Substantiv an**, auf das es sich **bezieht**.

Il est
Er ist

→ **plus**
großzügiger, (wörtl. „mehr großzügig")

→ **aussi** genauso **généreux** großzügig **que** als/wie **son voisin.** sein Nachbar.

→ **moins**
weniger

Die Adjektive **bon** gut und **mauvais** schlecht werden unregelmäßig gesteigert:

bon / bonne gut → **meilleur(e)** besser → **le / la meilleur(e)** der / die / das beste

mauvais(e) schlecht → **pire** schlechter → **le / la pire** der / die / das schlechteste

Der Superlativ

Der Superlativ wird gebildet, indem man
le/la/les plus die am meisten oder
le/la/les moins die am wenigsten
vor das Adjektiv setzt und das Bezugswort
mit der Präposition **de** anschließt.

Auch hier:
Das Adjektiv gleicht sich in Zahl und Geschlecht dem Substantiv an, auf das es sich bezieht.

Blanche Neige est la plus / moins belle du pays.
Schneewittchen ist die schönste des Landes.

Ils sont les nains **les plus travailleurs de** la forêt.
Sie sind sind die fleißigsten Zwerge des Waldes.

Le chat botté est **le plus malin des** chats.
Der gestiefelte Kater ist der schlauste Kater.

Cendrillon est **la moins aimée** (**des** trois sœurs).
Aschenputtel ist die am wenigsten geliebte/ die ungeliebteste (der drei Schwestern).

Kurze, häufig gebrauchte Adjektive können im Superlativ auch vor dem Substantiv stehen.

Le petit poucet est **le plus petit** garçon **de** la famille.
Der kleine Däumling ist der kleinste Junge der Familie.

Bildung von Adjektiven – das Gegenteil

Das Gegenstück zur deutschen Partikel **un-** ist im Französischen meistens **in-** oder **mal-**.

compréhensible
begreiflich

> **in**compréhensible
unbegreiflich

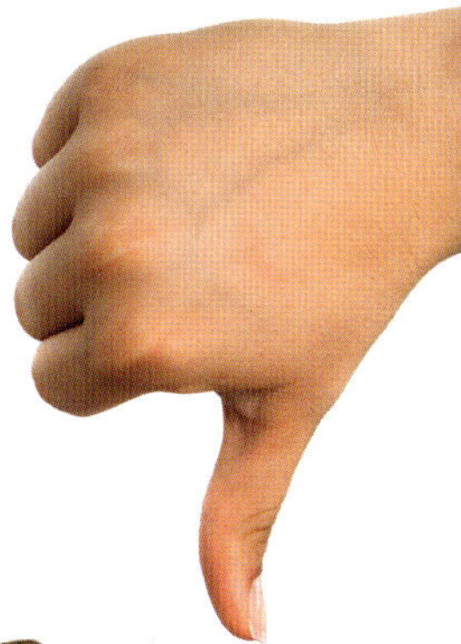

heureux
glücklich

> **mal**heureux
unglücklich

Lernen Sie die weibliche Form immer gleich mit! Aus ihr können Sie auf die Schreibweise der männlichen Form schließen. (Deren Endung ist meistens stumm und somit schwieriger zu lernen). So verrät ihnen z.B. der Klang von **petite** [pətit] die Schreibweise der männlichen Form – nämlich auf t – die man aus dem Klang nicht erraten kann: > petit [pəti].

4 Das Adverb

Was sind Adverbien?

Wofür benötige ich sie?

Wie werden sie gebildet?

Mit einem **Adverb** können Sie Verben, Adjektive, ein weiteres Adverb oder ganze Sätze **ergänzen** und **näher bestimmen**.

Adverbien

... ein Verb ergänzen,

Elle **surfe** **bien**.
Sie surft **gut**.

... ein Adjektiv ergänzen,

C'est un **très** **bon** restaurant.
Das ist ein **sehr** gutes Restaurant.

Adverbien gleichen sich **nicht** an,
sie sind **unveränderlich**!

können …

… ein anderes Adverb ergänzen,

Il dort **toujours longtemps**.
Es schläft **immer lange**.

… oder einen ganzen Satz ergänzen.

Demain, je mets ma robe rouge.
Morgen ziehe ich mein rotes Kleid an.

Je mets ma robe rouge **demain**.
Ich ziehe mein rotes Kleid **morgen** an.

Die Formen des Adverbs

Adverbien, die nicht von einem Adjektiv abgeleitet werden, nennt man ursprüngliche Adverbien.

Adverbien bestimmen Umstände näher, indem sie die Fragen wo?, wann?, wie? und wie viel? beantworten.

Pas de souci, nous sommes **là**.
Keine Sorge, wir sind **da**.

J'attends **souvent longtemps**.
Ich warte **oft lange**.

	Adverbien des **Ortes**	
wo?	**ici**	hier
	là	da / dort

wann?	Adverbien der **bestimmten Zeit**	
	maintenant	jetzt
	aujourd'hui	heute
	demain	morgen
	hier	gestern
	Adverbien der **unbestimmten Zeit**	
	avant	vor
	après	nach
	tôt	früh
	tard	spät
	déjà	schon
	encore	noch
	longtemps	lange
	souvent	oft
	toujours	immer
	jamais	nie

wie?	Adverbien der **Art und Weise**	
	bien	gut
	mal	schlecht
	mieux	besser
	vite	schnell
	ensemble	zusammen

Ils dansent **bien ensemble**.
Sie tanzen **gut zusammen**.

C'est **beaucoup trop** !
Das ist **viel zu viel**!

wie viel?	Adverbien der **Menge**	
	peu	wenig
	beaucoup	viel
	plus	mehr
	moins	weniger
	assez	genug
	trop	zu viel
	très	sehr

Die Bildung des Adverbs

Die meisten Adverbien werden aus Adjektiven abgeleitet. Man nennt sie abgeleitete Adverbien.

Wenn die männliche Form des Adjektivs bereits auf **-e** endet, hängen Sie einfach **-ment** an das Adjektiv an.

Adjektiv -e + **-ment**

terrible / terrible → **terriblement**

Wenn sie auf einen Konsonant endet, hängen Sie -ment an die weibliche Form des Adjektivs. (Da diese immer mit -e enden, endet das Adverb auch mit -ement.)

Adjektiv -e + **-ment**

fort / forte → **fortement**

Wenn die männliche Form auf einen hörbaren Vokal endet, hängen Sie -ment an die männliche Form an.

Adjektiv -a / -i / -o / -u + **-ment**

vrai / vraie → **vraiment**
joli / jolie → **joliment**
absolu / absolue → **absolument**

Wenige Ausnahmen werden von der weiblichen Form abgeleitet:

gai / gaie > **gaiement**
nouveau / nouvelle > **nouvellement**
fou / folle > **follement**

Adjektiv -ant / -ent	+	-amment / -emment
élégant / élégante		élégamment
évident / évidente		évidemment

An Adjektive, die mit -ant oder -ent enden, hängen Sie -mment anstelle von -nt.

Adjektiv	+	**Adverb**
précis / précise		précisément
énorme / énorme		énormément
gentil / gentille		gentiment
bref / brève		brièvement
bon / bonne		bien
meilleur / meilleure		mieux
mauvais / mauvaise		mal

Es gibt einige unregelmäßige Formen, z.B.:

Der Unterschied zwischen **Adjektiv** und **Adverb**:

Ein **Adverb** beschreibt ...

- ... ein Verb,
  Il **est habillé** **élégamment** ce soir.
  Er **ist** **elegant** (auf eine elegante Art) **angezogen** heute Abend.
- ... ein Adjektiv,
  Elle est **vraiment** **belle**.
  Sie ist **wirklich** **schön**.
- ein anderes Adverb
  Il va **beaucoup mieux**.
  Es geht ihm **viel besser**.
- oder einen ganzen Satz.
  Heureusement, nous sommes rentrés avant l'orage.
  Zum Glück sind wir vor dem Gewitter nach Hause gekommen.

Ein **Adjektiv** beschreibt ein Substantiv, z.B.:
C'est un **homme** **élégant**.
Das ist ein **eleganter** **Mann**. >
(**élégant** beschreibt **homme**.)

Die Stellung des Adverbs

Ein Adverb funktioniert wie ein Puzzlestück. Entscheidend für seine Stellung ist meistens, **welches Wort** (bzw. welche Wörter bei Satzadverbien) es **ergänzt**.

Das Adverb kann sich auf den **ganzen Satz** beziehen:

Satzadverbien sind verschiebbar und stehen meistens am **Satzanfang** oder **Satzende**.

Aujourd'hui, il fait beau.
Heute ist schönes Wetter.

Il fait beau aujourd'hui.
Es ist schönes Wetter **heute**.

Nach einem Satzadverb am Satzanfang setzt man ein **Komma**.

Das Adverb kann sich auch auf ein **bestimmtes Wort**, ein **Verb**, ein **Adjektiv** oder ein **anderes Adverb** beziehen:

Wenn das Adverb ein **Adjektiv** oder ein **anderes Adverb ergänzt**, steht es **vor** dem Adjektiv bzw. **vor** dem anderen Adverb.

Elle est **très** **rapide.**
Sie ist **sehr** schnell.

Elle est **réllement très** rapide.
Sie ist **wirklich sehr** schnell.

Wenn das Adverb ein Verb ergänzt, steht das Adverb meistens nach dem Verb, auf das es sich bezieht.

Il **roule** **prudemment**.
Er **fährt** **vorsichtig**.

Nous avons **roulé** **longtemps**. — Partizip Perfekt
Wir sind **lange** **gefahren**.

Nous aimons **rouler** **souvent**. — Infinitiv
Wir mögen es, **oft** zu **fahren**.

Ebenso bei zusammengesetzten Zeiten und Infinitivkonstruktionen: die meisten abgeleiteten Adverbien, sowie auch **tôt**, **tard**, **ensemble**, **plus**, **après**, **avant** stehen meistens nach dem Partizip Perfekt (participe passé) bzw. nach dem Infinitiv.

Bei zusammengesetzten Zeiten kann das Adverb vor dem Partizip Perfekt (participe passé) stehen, und bei Infinitivkonstruktionen vor dem Infinitiv. z.B. mit: **déjà**, **encore**, **bien**, **mal**, **beaucoup**, **très**, **jamais**, **toujours**.

Oft ist aber beides möglich, z.B. mit: **longtemps**, **souvent**, **moins**, **peu**, **assez**, **beaucoup**, **trop**, **mieux**, **vite**.

Le film **commence** **déjà**. /
Le film a **déjà** **commencé**.
Der Film fängt **schon** an. /
Der Film hat **schon** angefangen.

Elle **voyage** **toujours**. /
Elle veut **toujours** **voyager**.
Sie reist **immer**. /
Sie möchte **immer** reisen.

Il a **beaucoup** **parlé** ce soir.
≈ Il a **parlé** **beaucoup** ce soir.
Er hat **viel** gesprochen heute Abend.

Bei mehreren Verben, bezieht sich das Adverb auf das Verb, hinter dem es steht.

J'**aime** **beaucoup** lire.
Ich mag es **sehr** zu lesen.

J'aime **lire** **beaucoup**.
Ich mag es, **viel** zu lesen.

Die Steigerung des Adverbs

Das Adverb lässt sich genauso wie das Adjektiv steigern.

Der Komparativ wird mit **plus ... que** bzw. **moins ... que** gebildet, der Vergleich mit **aussi ... que**.

	plus schnell**er** (wörtlich: mehr schnell)			
Il roule Er fährt	**aussi** **genauso**	vite schnell	que **als/wie**	son collègue. sein Kollege.
	moins langsamer (wörtlich: **weniger** schnell)			

Der Superlativ wird mit **le plus ... (de)** bzw. **le moins ... (de)** gebildet.

	plus			
Elle court **le**		vite	**de**	tous.
	moins			

Sie rennt **am** schnell**sten** / **am** langsam**sten** von allen.
(wörtlich: am meisten schnell / am wenigsten schnell)

Die Adjektive
bien, beaucoup & peu
werden unregelmäßig gesteigert!

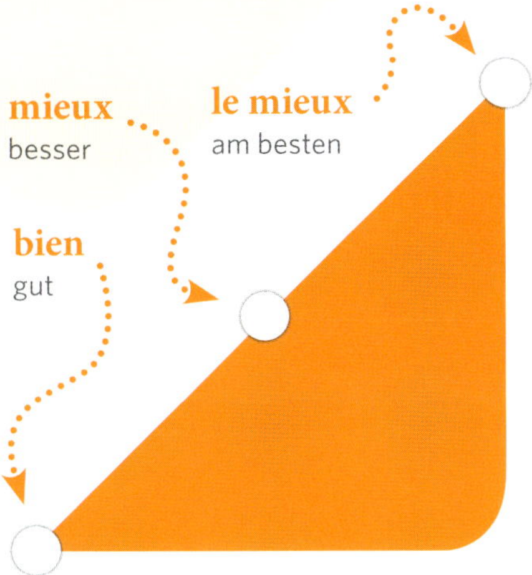

Je danse **mieux** que lui.
Ich tanze **besser** als er.

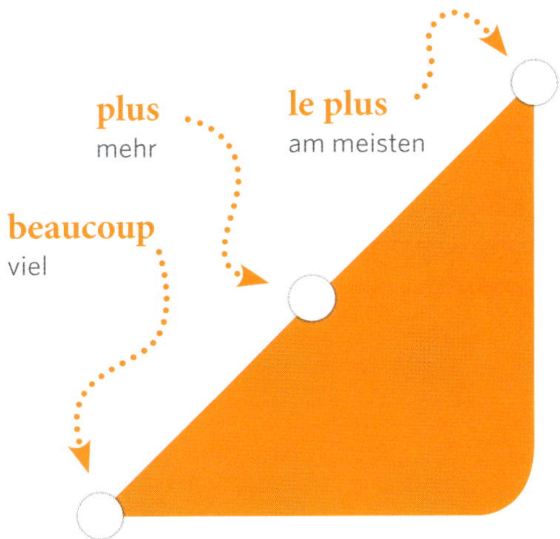

Le petit bébé dort **le plus**.
Das kleine Baby schläft **am meisten**.

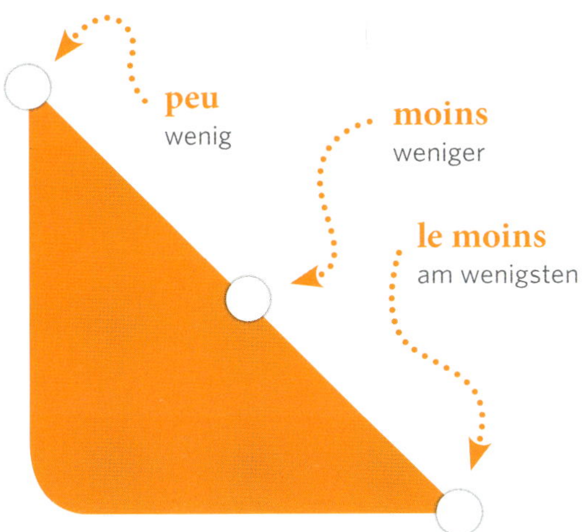

Il mange **moins** que moi.
Er isst **weniger** als ich.

5 Die Begleiter

Was sind Begleiter?

Welche Formen muss ich kennen?

Wofür benötige ich sie?

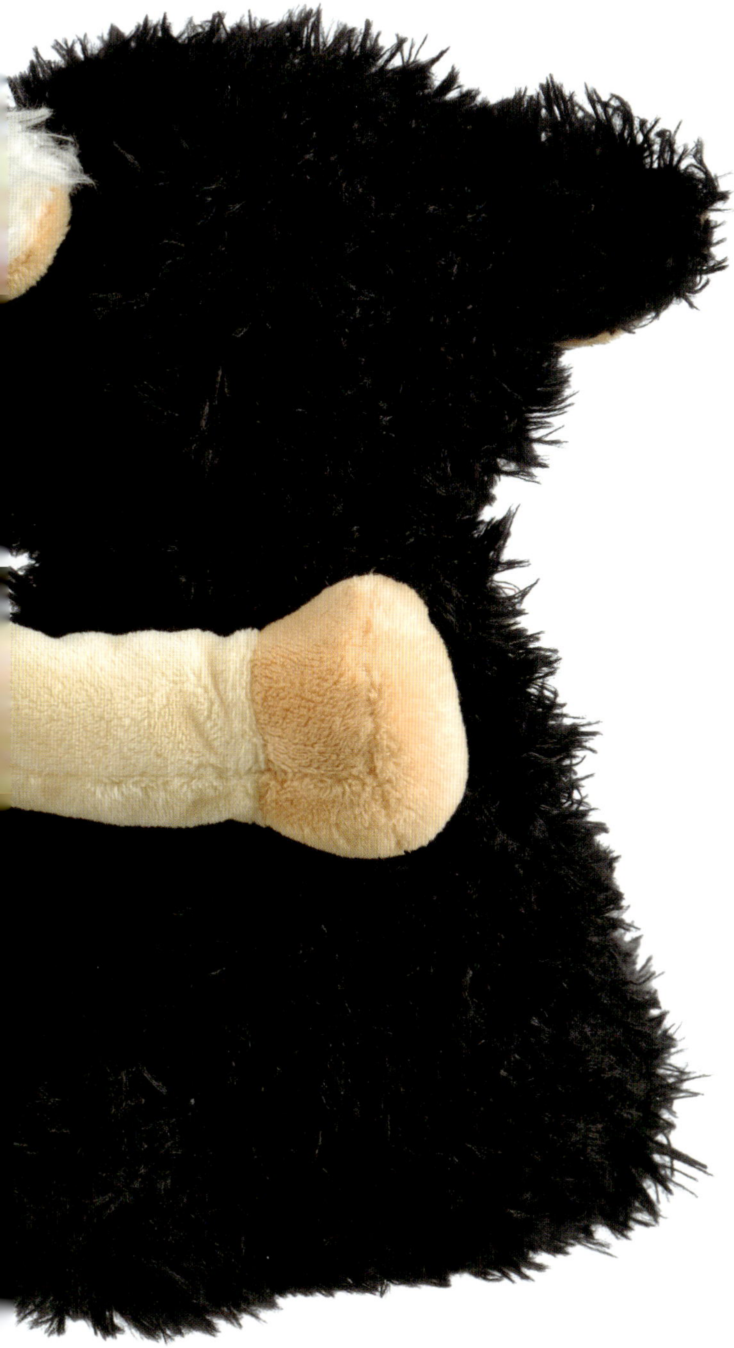

Die Begleiter begleiten …

Im Satz kommt der Begleiter immer vor dem Substantiv.

Mon maître m'adore !
Mein Herrchen liebt mich über alles! / vergöttert mich!

… und bestimmen die Substantive.

An seinem Begleiter erkennt man das Substantiv:

Ce maître me rend fou. Il n'est pas comme **ton maître** !
Dieses Herrchen macht mich verrückt. Es ist nicht wie **dein** Herrchen!

Außer den bestimmten oder unbestimmten Artikeln gibt es noch weitere **unterschiedliche Begleiter** der Substantive:

ma

Possessivbegleiter

drücken das Besitzverhältnis zum Substantiv aus.

cette

Demonstrativbegleiter

heben ein Substantiv hervor oder weisen auf ein Substantiv hin.

quelques

Indefinitbegleiter

bestimmen die Menge des Substantivs.

Die Possessivbegleiter

… beantworten die Frage **wessen?**

Mon frère et **ma** sœur vont chez **mes** amis.
Mein Bruder und **meine** Schwester gehen zu **meinen** Freunden.

	Possessivbegleiter			
ein Besitzer	ich	**mon** mein	**ma** meine	**mes** meine
	du	**ton** dein	**ta** deine	**tes** deine
	er, sie	**son** sein/ihr	**sa** seine/ihre	**ses** seine/ihre
mehrere Besitzer	wir	**notre** unser/unsere		**nos** unsere
	ihr, Sie	**votre** euer/eure Ihr/Ihre		**vos** eure Ihre
	sie	**leur** ihr/ihre		**leurs** ihre

Notre frère et **vos** sœurs vont chez **leurs** amis.
Unser Bruder und **eure** Schwestern gehen zu **ihren** Freunden.

Fragen Sie sich, wo das Neutrum „es" bleibt?
Es gibt **kein Neutrum** im Französischen.

sein = **ihr**

son couteau	**son** couteau
sa fourchette	**sa** fourchette
sein Messer	**ihr** Messer
seine Gabel	**ihre** Gabel

Einfach nur **son** und **sa**!

Der Possessivbegleiter richtet sich nur nach dem Geschlecht und der Anzahl des Besitzes. (Nicht auch nach dem Geschlecht des Besitzers wie im Deutschen (sein / ihr)).

mon
ton
son

> Vokal oder stummes h

Achtung!
Vor einem weiblichen Substantiv, das mit Vokal oder stummem h beginnt, setzt man im Singular **mon** / **ton** / **son** (nicht **ma** / **ta** / **sa**).

(un ami)	(une amie)
mon ami	**mon** amie
ton ami	**ton** amie
son ami	**son** amie
mein / **dein** / **sein** Freund	**meine** / **deine** / **seine** Freundin

C'est **mon** histoire, avec **ton** idée et **son** imagination.
(**une** histoire, **une** idée, **une** imagination)
Das ist **meine** Geschichte, mit **deiner** Idee und **ihrer** Phantasie.

Die Demonstrativbegleiter

... beantworten die Frage welches?

•	ce	cette
	cet (vor Vokal oder stummem h)	
••	ces	

Ce paysage, **cet** orage, **cette** musique...
Ces souvenirs sont merveilleux !

Diese Landschaft, **dieses** Gewitter, **diese** Musik ...
Diese Erinnerungen sind wunderschön!

Aufgepasst!
Vor einem männlichen Substantiv, das mit Vokal oder stummem h beginnt, setzt man im Singular **cet** (nicht **ce**).

> **cet** œil
> **dieses** Auge

In Verbindung mit Tageszeiten bedeutet der Demonstrativbegleiter heute > **ce matin** heute morgen.

ce matin
heute Morgen

cet après-midi
heute Nachmittag

ce soir
heute Abend

Die Indefinitbegleiter

... beschreiben die Menge näher.

chaque
jeder/e

Chaque minute compte.
Jede Minute zählt.

Chaque ist unveränderlich.

plusieurs
mehrere

Je t'ai appelé **plusieurs** fois.
Ich habe dich **mehrere** Male angerufen.

Plusieurs ist unveränderlich.

Aucun / **aucune** werden immer mit einer Negation verwendet, und ersetzen **pas**.

Nach einer Negation steht **ni** für **und auch**.

aucun
kein

aucune
keine

Nous **n'**avons **aucun** problème **ni** **aucune** question.
Wir haben **kein** Problem und auch **keine** Frage.

Quelque im Singular wird in **quelque** part irgendwo verwendet.

Ansonsten fast nur literarisch, z.B.:
Il me faut **quelque** temps pour finir ce livre.
Ich brauche einige Zeit, um dieses Buch zu beenden.

• **quelque**
einige

•• **quelques**
einige

Je vais **quelques** jours à New York.
Ich fahre **einige** Tage nach New York.

Nach **tout/te/s/tes** steht ein weiterer Begleiter. (z.B.: **le, la, les, un, une, mon, ce**).

	♂	♀
•	**tout le** der ganze	**toute la** die ganze
	tout le temps die **ganze** Zeit	**toute la** nuit die **ganze** Nacht
••	**tous les** alle	**toutes les** alle
	tous les chanteurs **alle** Sänger	**toutes les** chanteuses **alle** Sängerinnen

Elle a chanté **toute sa** vie.
Sie hat **ihr ganzes** Leben gesungen.

Toutes ces pommes sont pourries.
Alle diese Äpfel sind vergammelt.

Der Begleiter nach tout/e/s/es kann sowohl ein Artikel, als auch ein **Possessiv**- oder **Demonstrativbegleiter** sein.

	♂	♀
•	**un certain** ein bestimmter	**une certaine** eine bestimmte
Im Singular stehen **un** / **une** vor **certain** / **certaine**.	**un certain** roman ein **bestimmter** Roman	**une certaine** sonate eine **bestimmte** Sonate
••	**certains** bestimmte/manche	**certaines** bestimmte/manche
Im Plural entfällt der Artikel.	**certains** romans **bestimmte**/**manche** Romane	**certaines** sonates **bestimmte**/**manche** Sonaten

Certains jours, je préfère **certaines** musiques.
An **manchen** / **bestimmten** Tagen, bevorzuge ich **bestimmte** Musik.

6 Das Pronomen

Was sind Pronomen?

Wofür brauche ich sie?

Wie setze ich sie richtig ein?

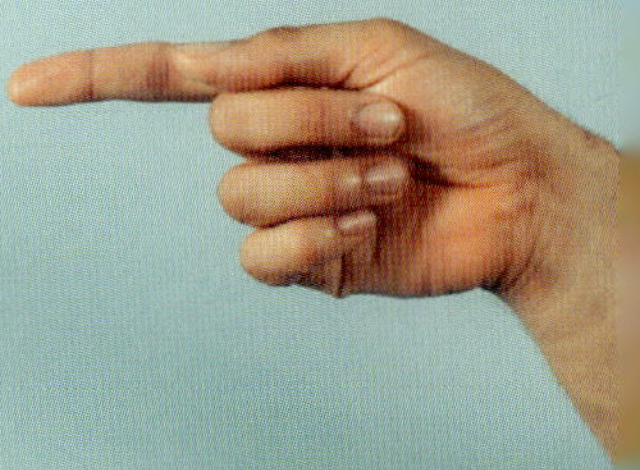

Pronomen sind Vertreter

Pro heißt **für** auf Latein.

Pro - **nomen**

Ein Pronomen steht für (oder vertritt) ein Substantiv und seinen Begleiter:

2 in 1

Les filles dorment. Die Mädchen schlafen.

Elles dorment. **Sie** schlafen.

Es kann auch für einen ganzen Satzteil stehen:

Je vois **une petite voiture rouge qui roule très vite dans la neige**.

Je **la** vois.

Ich sehe ein kleines rotes Auto, das sehr schnell im Schnee fährt.

Ich sehe **es**.

11 in 1

Personalpronomen

- verbundene Personalpronomen
- unverbundene Personalpronomen
- Reflexivpronomen
- direkte Objektpronomen
- indirekte Objektpronomen

Adverbialpronomen

- **y** vertritt Ortsbestimmungen mit **à**
- **en** vertritt Ergänzungen mit **de**

Possessiv-, Demonstrativ- und Indefinitpronomen

werden aus den entsprechenden Begleitern gebildet und vertreten:

- **Possessivbegleiter** + Substantiv
- **Demonstrativbegleiter** + Substantiv
- **Indefinitbegleiter** + Substantiv

Verbundene Personalpronomen

Sie stehen immer in **Verbindung** mit einem Verb. (Im Gegensatz zu den **unverbundenen Personalpronomen**)

VPP

Achten Sie auf den Ton!

Vor einem **Vokal** oder **stummem h** wird **je** zu **j'**.

J'arrive !
Ich komme gleich!

Subjekt (Nominativ)

je / **j'**	ich
tu	du
il / **elle** / **on**	er / sie / man / wir
nous	wir
vous	ihr / Sie
ils / **elles**	sie

Da es im Französischen kein Neutrum (das) gibt, gibt es auch kein „es".

Le chat dort.

Il dort.

Der Kater schläft.

Er schläft.

Les souris dansent.

Elles dansent.

Die Mäuse tanzen.

Sie tanzen.

Der Gebrauch des verbundenen Personalpronomens

Ein **VPP** steht vor einem ...

VPP	... konjugierten Verb ... konjugierten Hilfsverb (bei zusammengesetzten Zeiten)
VPP	... verneinten Verb **ne** Verb **pas**

Elle a sommeil.
Sie ist müde.

Il ne rit **pas.**
Er lacht **nicht**.

on = **man / wir**

On mange !
Wir essen!

On dit que…
Man sagt dass ...

Das Personalpronomen **on** wird in der Umgangssprache als allgemeines **wir** benutzt. Zusätzlich wird es auch wie das deutsche **man** verwendet.

)ie Höflichkeitsform **Sie** ɿird mit **vous** gebildet.

Sie = **vous**

Que désirez-**vous**, Monsieur Bibard ?
Was wünschen **Sie**, Herr Bibard?

ɿn Plural gibt es **2** Geschlechter. Im Deutschen gibt es ɿur **sie**.)

sie Plural = **ils** oder **elles**

Les taureaux courent. — **Ils** courent.
Die Bullen rennen. — **Sie** rennen.

Les gazelles courent. — **Elles** courent.
Die Gazellen rennen. — **Sie** rennen.

)er Macho-Plural:

il + **elle** = **ils**

L'homme et la femme rient. > **Ils** rient.
Der Mann und die Frau lachen. — **Sie** lachen.

Unverbundene Personalpronomen

Für sie gibt es im Deutschen keine eigenen Formen. Ein Tipp für die, die Englisch können: moi = me.

Wie der Name sagt, sind sie frei: Sie stehen in keiner Verbindung zu einem Verb. (Im Gegensatz zu den **verbundenen Subjekt-Personalpronomen**)

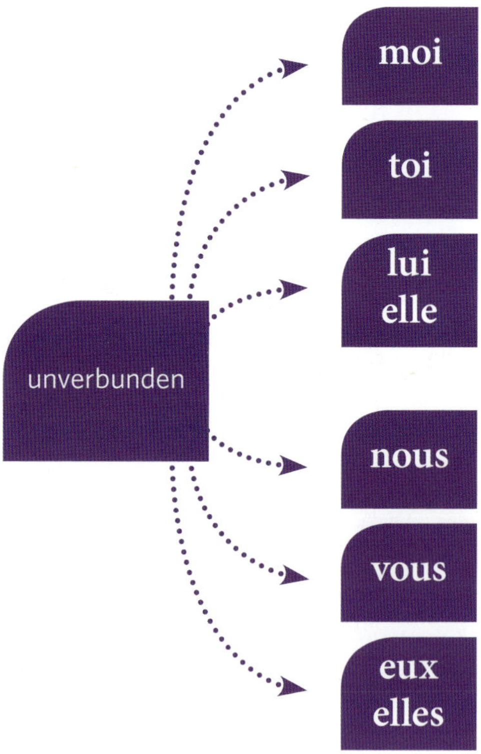

Toi et **moi** c'est pour toujours…
Du und ich, das ist für immer …

Die unverbundenen Personalpronomen nous, vous, elle und elles sind identisch mit den verbundenen Personalpronomen.

On va au cinéma avec **lui**, avec **elle** ou sans **eux** ?
Gehen wir mit **ihm**, mit **ihr** oder ohne **sie** ins Kino?

Der Gebrauch des unverbundenen Personalpronomens

Position: vor ...

UPP | ... einem **Subjekt-Personalpronomen**

Zur Hervorhebung eines Subjekts.

Eux, **ils** ne mangent pas de viande.
(**Sie**,) **sie** essen kein Fleisch.

UPP | ... dem **Relativpronomen** **qui**

Moi qui aime tant les voyages, **je** …
Ich, die das Reisen so sehr liebe, **ich** ...

Qui veut du chocolat ?
Wer möchte Kakao?

UPP

Moi !
Ich!

Position: nach ...

... einer Präposition | UPP

C'est un cadeau de **lui** pour **eux**.
Es ist ein Geschenk von **ihm** für **sie** (Plural).

c'est
ce sont | UPP

Madame Bovary, c'est **moi**.
Madame Bovary, das bin **ich**.

... bejahtem Imperativ **in der 1. und 2. Person Singular** | UPP

Attends-**moi** !
Warte auf **mich**!

Donnez-**moi** ce livre s'il vous plait.
Geben Sie **mir** dieses Buch, bitte.

Amuse-**toi** bien.
Amüsiere **dich** gut.

Direkte Objektpronomen

DOP

... vertreten:

direkte Objekte (Akkusativobjekte), die man dadurch erkennt, dass keine Präposition vor dem Substantiv steht:

Je donne le cadeau à Alice.
› le cadeau ist direktes Objekt
› Je **le** donne à Alice.

Einfach!
Mit **me**, **te**, **nous**, **vous** haben die **direkten**, **indirekten** und **reflexiven** Personalpronomen dieselbe Form.

Achten Sie auf den Ton!
Vor einem Vokal oder stummen h werden **me**, **te**, **le**, **la** zu **m'**, **t'**, **l'**.

Il **l'**aime.
Er liebt **sie** / **ihn**.

direktes Objekt (Akkusativ)

- me / m'
- te / t'
- le / la / l'
- nous
- vous
- les

Sie stimmen in Geschlecht und Zahl mit dem ersetzten Substantiv überein.

Nur die 3. Person Singular und Plural haben eine eigenständige Form.

Tu fais **ta valise**.

Tu **la** fais.
Du packst deinen Koffer.
Du packst **ihn**.

Nous achetons **ces fleurs**.

Nous **les** achetons.
Wir kaufen diese Blumen.
Wir kaufen **sie**.

Die Stellung des direkten Objektpronomens im Satz

Ein DOP steht vor dem ...

DOP	... konjugierten Verb ... konjugierten Hilfsverb (bei zusammengesetzten Zeiten)

Elle le regarde.
Sie betrachtet ihn.

Il l'a écrit.
Er hat es geschrieben.

DOP	... Infinitiv (bei Verben, auf die ein Infinitiv folgt)

Ces voyages, ils vont les vivre.
Diese Reisen, sie werden sie erleben.

Die **Verneinung** umschließt

ne	DOP	das konjugierte Verb	pas

Elle ne le savait pas.
Sie wusste es nicht.

Ein DOP steht mit Bindestrich direkt nach dem

Imperativ -	DOP

Embrasse-la.
Küss sie.

un, une, des >

Achtung!
Steht vor dem direkten Objekt ein unbestimmter Artikel (**un**, **une**, **des**), so wird das Objekt durch das Adverbialpronomen **en** ersetzt! z.B.:

Je vois **des** nuages. Ich sehe Wolken.

J'**en** vois. Ich sehe **welche**.

Indirekte Objektpronomen

IOP

... vertreten:

indirekte Objekte (Dativobjekte), die man an der vorangehenden Präposition **à** erkennt.

à + **Substantiv**

Einfach!
Mit **me**, **te**, **nous**, **vous** haben die **direkten**, **indirekten** und **reflexiven** Personalpronomen dieselbe Form.

Bei Dativobjekten handelt es sich fast ausschließlich um Personen und Tiere.

Achten Sie auf den Ton!
Vor einem Vokal oder stummen h werden **me**, **te** zu **m'**, **t'**.

Sie stimmen in Geschlecht und Zahl mit dem ersetzten Substantiv überein.

indirektes Objekt (Dativ)

- me / m'
- te / t'
- lui
- nous
- vous
- leur

Je **t'**écrirai un e-mail.
Ich werde dir eine E-Mail schreiben.

Nur die **3. Person Singular und Plural** haben eine **eigenständige Form** und **jeweils nur eine Form für weibliche und männliche indirekte Objekte. Die übrigen Formen stimmen mit den direkten Objektpronomen überein.**

Je parle **à nos voisins** / **à nos voisines**.

Je **leur** parle.
Ich rede mit unseren Nachbarn. / unseren Nachbarinnen.
Ich rede mit **ihnen**.

Je donne mon adresse **à Marie** / **à Paul**.

Je **lui** donne mon adresse.
Ich gebe Marie / Paul meine Adresse.
Ich gebe **ihr** / **ihm** meine Adresse.

Die Stellung des indirekten Objektpronomens im Satz

Est-ce que tu le dis **à Marie**? - Sagst du es Marie?

Ein **IOP** steht vor dem ...

IOP | ... konjugierten Verb
... konjugierten Hilfsverb
(bei zusammengesetzten Zeiten)

Oui, je **lui** **téléphone** bientôt.
Ja, ich rufe **sie** bald an.

Je **lui** **ai** déjà parlé hier.
Ich habe schon gestern mit **ihr** gesprochen.

IOP | ... Infinitiv
(bei Verben, auf die ein Infinitiv folgt)

Je vais **lui** **écrire**.
Ich werde **ihr** schreiben.

Die **Verneinung** umschließt

ne | **IOP** | das konjugierte Verb | **pas**

Non, je **ne** **lui** **parle** **pas**.
Nein, ich rede **nicht** mit **ihr**.

Ein **IOP** steht mit Bindestrich direkt nach dem

Imperativ - | **IOP**

Donne-**lui** la main.
Gib **ihm** die Hand.

de >

Achtung!
Steht vor dem indirekten Objekt die Präposition **de**, so wird das Objekt durch das unverbundene Personalpronomen ersetzt!

Je parle **de** ma mère. (Ich spreche von meiner Mutter.)

Je parle **d'elle** / **de toi** / **d'eux**. (Ich spreche von **ihr**./ von **dir** / von **ihnen**.)

Die Reflexivpronomen

Einfach!
Es funktioniert wie im Deutschen
(**je me** ich mich).

Nur: Es sind nicht immer
die gleichen Verben, die reflexiv sind,
z.B.:

je **m'**appelle ich heiße
(ich heiße / ich nenne **mich**)

Sie beziehen sich auf
das Subjekt des Satzes.

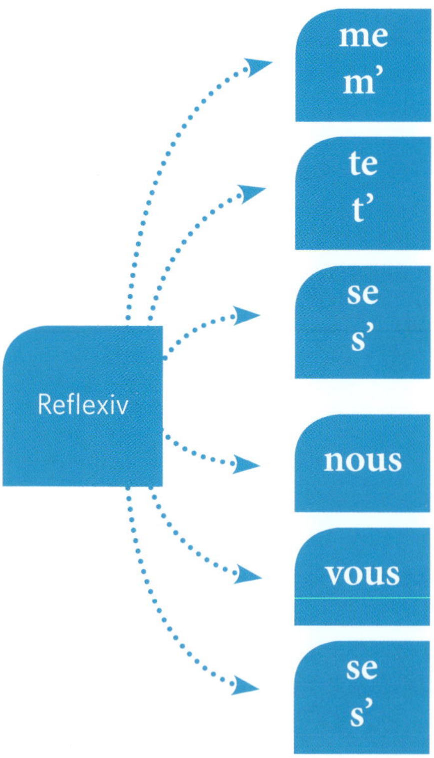

Mit **me**, **te**, **nous**, **vous** haben die **direkten**, **indirekten** und **reflexiven** Personalpronomen dieselbe Form.

Nur die 3. Person Singular und Plural haben eine eigenständige Form.

Achten Sie auf den Ton!
Vor einem Vokal oder stummen h
werden **me**, **te**, **se** zu **m'**, **t'**, **s'**.

Je m'ennuie.
Ich langweile **mich**.

Die Stellung des Reflexivpronomens im Satz

Est-ce que vous **vous** préparez ? - Bereitet ihr euch vor?

Ein **RP** steht vor dem ...

RP ... konjugierten Verb
... konjugierten Hilfsverb
(bei zusammengesetzten Zeiten)

Oui, je **me lave**.
Ja, ich wasche **mich**.

Il **s' est** déjà rasé.
Er hat **sich** schon rasiert.

RP ... Infinitiv
(bei Verben, auf die ein Infinitiv folgt)

Elle va **s'** habiller.
Sie wird **sich** anziehen.

Die **Verneinung** umschließt

ne | **RP** das konjugierte Verb | **pas**

Non, ils **ne se douchent pas**.
Nein, sie duschen **sich nicht**.

Logisch!
Beim Imperativ fallen die Reflexivpronomen weg, da sich die Person ändert.

Je **me** dépêche.
Ich beeile **mich**.

Dépêche-**toi** !
Beeil **dich**!

Beim bejahtem Imperativ steht das **unverbundene Personalpronomen**.

Ils **s'embrassent**.
Sie küssen **sich**.
(reflexiv, weil gegenseitig)

Oft lassen sich die Pronomen einfach aus dem Kontext erschließen.

Il **les** embrasse.
Er küsst **sie**.
(direktes Objekt)

Das Adverbialpronomen y

y vertritt :

Ortsbestimmungen,
die eingeleitet werden durch:

à
dans
en
chez
sur
etc.
+ **Substantiv**

Y wird meistens mit **dort** übersetzt (auch mit **da**, **darin**, **darüber** etc.).

Elle va **sur** le toit.

Elle **y** va.
Sie geht auf das Dach.
Sie geht **dorthin**.

Ergänzungen mit **à**
+ Sachsubstantiven

à + **Sachsubstantiv**

Je pense **à** Noël.

J'**y** pense.
Ich denke an Weihnachten.
Ich denke **daran**.

Aufgepasst!

Y ersetzt z.B. nicht das Substantiv bei
Je pense **à** Pierre.
Ich denke an Pierre. › kein Sachsubstantiv

(obwohl es mit **à** eingeleitet wird.)

J'aimerais aller **en** Italie.

J'aimerais **y** aller.

Ich möchte nach Italien fahren.
Ich möchte **dorthin** fahren.

Stellung von y im Satz

Est-ce que tu habites **à** Paris ? — Wohnst du in Paris?
... **dans** un quartier intéressant? — ... in einem interessanten Viertel?
... **sur** un bateau ? — ... auf einem Boot?

y steht vor dem ...

y	... konjugierten Verb ... konjugierten Hilfsverb (bei zusammengesetzten Zeiten)

Oui, j'y **habite.**
Ja, ich wohne **dort**.

J'y **ai** habité l'année dernière.
Ich habe voriges Jahr **dort** gewohnt.

y	... Infinitiv (bei Verben, auf die ein Infinitiv folgt)

Je vais y **habiter.**
Ich werde **dort** wohnen.

Die **Verneinung** umschließt ...

n'	y	das konjugierte Verb	pas

(Vor **y** wird „ne" apostrophiert: n')

Non, je **n'**y **habite pas**.
Nein, ich wohne **dort nicht**.

y steht nach dem ...

Imperativ -	y

Dors-y.
Schlaf **dort**.

Monte à l'échelle. > Montes -y.
Steig auf die Leiter. Steig darauf.

Achtung!
Wenn der Imperativ auf **-e** endet (also bei Verben auf **-er** im Imperativ Singular), wird wegen der Aussprache ein **-s angehängt**.

Feste Wendungen mit y:

Ça y est.	Es ist soweit / Es ist fertig.
Je n'y suis pour rien.	Ich kann nichts dafür.
Vas-y. / Allons-y. / Allez-y.	Los. / Auf geht's.

Das Adverbialpronomen en

en vertritt:

Substantive,
die angeleitet werden durch:

de
du
de la
des

\+ **Substantiv**

Il mange **du** pain. > Il **en** mange.

Er isst Brot. > Er isst **davon**.

En wird meistens mit **davon** übersetzt (auch mit **etwas**, **welche**).

unbestimmter Artikel/Zahlwort + Substantiv

> Ergänzungen mit dem unbestimmten Artikel (**un**, **une**, **des**) oder Mengenangaben

\- Tu veux **une** robe rouge à fleurs ?

\- Oui, j'**en** voudrais **une**.

\- Möchtest du ein rotes Kleid mit Blumen?
\- Ja, ich möchte eines (**davon**).

Vertritt **en** ein Substantiv mit un/une oder mit einem Zahlwort, so wird un/une oder das Zahlwort im nachfolgenden Satz wieder aufgegriffen.

Combien voulez-vous **de** pommes ?

J'**en** voudrais **6** s'il vous plait.

Wie viel Äpfel möchten Sie?
Ich möchte bitte 6 (**davon**).

Die Stellung von en im Satz

Est-ce que tu achètes **du** pain ? – Kaufst du Brot?
... **de la** confiture ? ... Marmelade?
... **des** fruits ? ... Obst?

en steht vor dem ...

en	... konjugierten Verb ... konjugierten Hilfsverb (bei zusammengesetzten Zeiten)

Oui, j'en **prends**.
Ja, ich nehme davon.

J'en **ai** pris hier.
Ich habe gestern welche genommen.

en	... Infinitiv (bei Verben, auf die ein Infinitiv folgt)

Oui, je vais en **acheter**.
Ja, ich werde welche kaufen.

Die **Verneinung** umschließt

n'	en	das konjugierte Verb	pas

(Vor **en** wird **ne** apostrophiert: **n'**)

Non, je **n'**en veux **pas**.
Nein, ich mag **keine** (davon).

en steht nach dem ...

Imperativ -	en

Prends-en.
Nimm dir davon.

Achtung!
Wenn der Imperativ auf **-e** endet, wird wegen der Aussprache ein **-s angehängt**
(also bei Verben auf -er im Imperativ Singular).

Mange des fruits.
Manges-en.
Iss Obst. Iss davon.

Feste Wendungen mit en:

Tu m'en veux ? – Bist du mir böse?
Je n'en peux plus. – Ich kann nicht mehr.
J'en ai assez. – Ich habe es satt.
Va-t'en ! – Hau ab! / Verschwinde!

Die Stellung der Pronomen bei mehreren Pronomen im Satz

Wenn mehrere Pronomen in einem Satz auftreten, so erscheinen sie in dieser Reihenfolge:

Zur Reihenfolge merken Sie sich:
Der Esel macht auf Französisch i-ah!

y - en !

vor

- Maman, tu me racontes l'histoire ?
- Mama, erzählst du mir die Geschichte?

- Oui, je te la raconte tout de suite.
- Ja, ich erzähle sie dir gleich.

vor

- Tu l'amènes à la gare s'il te plaît ?
- Bringst du sie zum Bahnhof, bitte?

- Oui, je l'y amène.
- Ja, ich fahre sie dahin.

vor

- Vous vous achetez des fleurs ?
- Kauft ihr euch Blumen?

- Oui, nous nous en achetons.
- Ja, wir kaufen uns welche.

vor

- A-t-elle donné ce livre à Valérie ?
- Hat sie dieses Buch Valerie gegeben?

- Oui, elle le lui a donné.
- Ja, sie hat es ihr gegeben.

vor

- Ils ont mis mes meubles à la cave ?
- Haben sie meine Möbel in den Keller gebracht?

-Non, ils ne les y ont pas encore mis.
- Nein, sie haben sie noch nicht dorthin gebracht.

vor

-Est-ce qu'il leur a parlé de toi ?
- Hat er ihnen von dir erzählt?

- Non, il leur en parlera demain.
- Nein, er wird ihnen morgen davon erzählen.

vor

- Il y a encore du café ?
- Gibt es noch Kaffee?

- Oui, il y en a encore.
- Ja, es gibt noch welchen.

Possessivpronomen

Aus den **Possessivbegleitern** werden die **Possessivpronomen** gebildet.

Notre château est plus beau que **le vôtre**.

Unser Schloss ist schöner als **eures**.

Vorsicht mit dem Accent circonflexe!

Possessivbegleiter haben keinen Accent circonflexe: **notre** chat

Possessivpronomen haben einen Accent circonflexe: le **nôtre**

Aussprache:
notre château
o = offenes o [nɔtʀ]
le nôtre
ô = geschlossenes o [notʀ]

Wie der Possessivbegleiter, richtet sich auch das Possessivpronomen nach Geschlecht und Zahl des Besitzes.

Possessivpronomen

Ein Besitzer	ich (m)	le mien	la mienne	les miens	les miennes
	du (t)	le tien	la tienne	les tiens	les tiennes
	er, sie (s)	le sien	la sienne	les siens	les siennes
Mehrere Besitzer	wir	le nôtre	la nôtre	les nôtres	
	Ihr, Sie	le vôtre	la vôtre	les vôtres	
	sie	le leur	la leur	les leurs	

Tes idées m'intéressent plus que **les siennes**.

Deine Ideen interessieren mich mehr als **seine**/**ihre**.

Demonstrativpronomen

Aus den **Demonstrativbegleitern** werden die **Demonstrativpronomen** gebildet.

ce gâteau › **celui**

dieser Kuchen — **dieser**

Je voudrais **ce** gâteau s'il vous plait.
Ich möchte **diesen** Kuchen, bitte.

Je voudrais **celui-ci** s'il vous plait.
Ich möchte **diesen**, bitte.

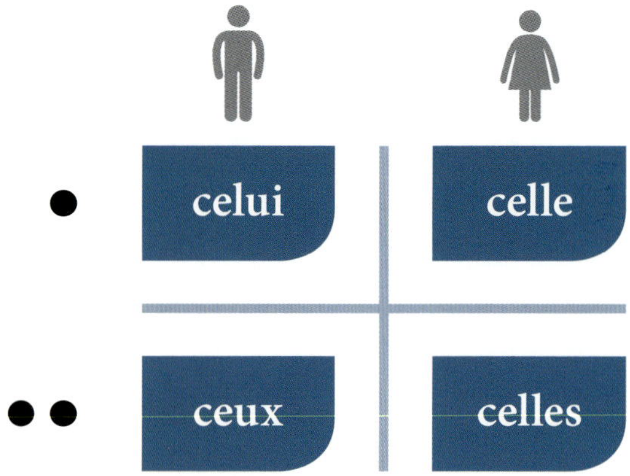

Sie stehen vor:

- den Präpositionen **de** von oder **pour** für:

Ce n'est pas le pull d'Hélena, c'est **celui de** Lucie.
Das ist nicht Hélenas Pulli, es ist **der von** Lucie.

Ce n'est pas le cadeau pour Lou, c'est **celui pour** Gabriel.
Das ist nicht das Geschenk für Lou, es ist **das für** Gabriel.

- einem **Relativsatz**,
eingeleitet durch **qui**, **que, dont** oder **où**:

Tu as pris toutes les BD ?
Hast du alle Comics mitgenommen?

Non, j'ai pris seulement **celles qui** m'intéressent.
Nein, ich habe nur **die** genommen, **die** mich interessieren.

(**BD** steht für bandes dessinées)

- **-ci** oder **-là**

Ähnlich wie **ici** hier und **là** da weist **ci** auf **näheres** und **là** auf **weiteres** hin.

Tu préfères quel film ? **Celui-ci** ou **celui-là** ?
Welchen Film magst du lieber? **Diesen hier** oder **den da**?

Je préfère **celui-là**.
Ich mag **diesen** lieber.

Indefinitpronomen

Wie die Indefinitbegleiter, beschreiben die Indefinitpronomen eine Menge näher – aber:

Indefinitbegleiter begleiten **Substantive**	**Indefinitpronomen** ersetzen Indefinitbegleiter + Substantive

Manche bleiben unverändert

Parmi ces vêtements, Unter/neben/von diesen Kleidern, …	Parmi ces voyages, Von diesen Reisen, …

aucun/une — kein / keine

… **aucune robe** n'est neuve. … ist **kein Kleid** neu.	**… aucun** n'est possible aujourd'hui. … ist heute **keine** möglich.

plusieurs — mehrere

… j'emporte **plusieurs t-shirts**. … nehme ich **mehrere T-Shirts** mit.	**… plusieurs** m'attirent. … reizen mich **mehrere**.

certains/es — manche / einige

… **certaines chaussettes** sont trouées. … sind **einige Socken** löchrig.	… j'en préfère **certains**. … bevorzuge ich **einige**.

tout/s/es — alle

… **toutes mes chemises** me vont. … passen mir **alle meine Hemden**.	**… tous** m'intéressent. … interessieren mich **alle**.

Manche haben unterschiedliche Formen:

Indefinitbegleiter | **Indefinitpronomen**

chaque

... j'essaie **chaque** **pantalon**.
... probiere ich **jede** **Hose** an.

jeder (männlich)
chacun

jede (weiblich)
chacune

... chacun a son charme.
... hat **jede** ihren Reiz.

quelque/s

... **quelques** **pulls** sont chauds.
... sind **einige** **Pullis** warm.

einige / manche (männlich)
quelques-uns

einige / manche (weiblich)
quelques-unes

... quelques-uns sont très loin.
... sind **manche** sehr weit.

---

etwas
quelque chose

quelque chose tombe
etwas fällt runter

jemand
quelqu'un

quelqu'-un siffle
jemand pfeift

niemand / keiner
personne

personne **ne** bouge
niemand / keiner bewegt sich

alles
tout

C'est **tout**.
Es ist **alles** / Das war es.

Tout va bien.
Es ist **alles** in Ordnung.

Rien, sowie **aucun/une** und **personne** werden **immer mit Negation** verwendet und ersetzen **pas**.

Rien existiert nur als Pronomen.

nichts
rien

Rien **ne** va plus.
Nichts geht mehr. (Spielkasino)

Il **n'**a **rien** dit.
Er hat **nichts** gesagt.

7 Die Verneinung

Wie verneine ich im Französischen?

Welche **Möglichkeiten** habe ich hierfür?

Die Verneinung wird aus dem Verneinungselement **ne** ... und einem weiteren Verneinungselement gebildet.

Vor einem Vokal oder stummem h'
wird **ne** zu **n'**.

Die Verneinungselemente umschließen das konjugierte Verb wie eine Klammer:

Je ne sais pas.

Ich weiß nicht.

In der gesprochenen Sprache wird das **ne** meist weggelassen:

« Je t'aime pas. »
„Ich liebe dich nicht."

n'	pas	Je **n'** sais **pas**.	Gehobene Sprache
	pas	Je sais **pas**.	Alltagssprache
	pas	J' sais **pas**.	Umgangssprache

Verneinungselemente

ne
n'

Vor einem Vokal oder stummen h wird **ne** zu **n'**.

pas	nicht
plus	nicht mehr
jamais	nie
plus jamais	nie mehr
rien	nichts
plus rien	nichts mehr
personne	niemand
plus personne	niemand mehr
pas encore	noch nicht
pas toujours	nicht immer
toujours pas	immer noch nicht
pas ... du tout	überhaupt nicht
pas ... ni	weder ... noch
ni ... ni	weder ... noch

Il **ne** sait **pas** conduire.
Er kann nicht Auto fahren.

Il **n'**habite **plus** ici.
Er wohnt nicht mehr hier.

Il **ne** va **jamais** au théâtre.
Er geht nie ins Theater.

Il **ne** mange **plus jamais** dans un restaurant.
Er isst nie mehr im Restaurant.

Il **ne** lit **rien**.
Er liest nichts.

Il **ne** fait **plus rien**.
Er macht nichts mehr.

Il **ne** voit **personne**.
Er trifft niemanden.

Il **ne** connait **plus personne**.
Er kennt niemanden mehr.

Il **ne** sait **pas encore** faire la cuisine.
Er kann noch nicht kochen.

Il **n'**est **toujours pas** heureux.
Er ist immer noch nicht glücklich.

Il **n'**a **pas toujours** envie de se lever.
Er hat nicht immer Lust aufzustehen.

Il **n'**aime **ni** sa femme, **ni** son fils.
Er liebt weder seine Frau, noch seinen Sohn.

Il **ne** veut **ni** faire les courses **ni** manger.
Er möchte weder einkaufen, noch essen.

Il **ne** veut **pas** boire, **ni** manger d'ailleurs !
Er möchte nichts trinken und übrigens auch nichts essen!

Il **n'**est **pas** content **du tout**.
Er ist überhaupt nicht glücklich.

Le pauvre Luc !
Der arme Luc!

Stellung der Verneinungselemente

Die **Verneinungselemente** **plus rien jamais personne etc.** umschließen das konjugierte Verb.

ne | **konjugiertes Verb** | **pas**

Je **n'aime pas** les maths.
Ich mag Mathe **nicht**.

Ne travaillez pas trop !
Arbeiten Sie **nicht** zu viel!

Dies gilt auch für Imperativ, Infinitivkonstruktionen und zusammengesetzte Zeiten.

Il **ne veut pas payer**.
Er will **nicht** bezahlen.

Infinitiv

Elles **n'ont pas vu** ce film.
Sie haben diesen Film **nicht** gesehen.

Partizip

ne | **Pronomen + konjugiertes Verb** | **pas**

Steht ein Pronomen vor dem Verb, so **umschließt die Verneinung die Gruppe aus Pronomen und Verb.**

Il **ne les a pas** aidées.
Er hat ihnen **nicht** geholfen.

Die Verneinung **ne … personne** bildet eine Ausnahme
bei Infinitivkonstruktionen und
bei zusammengesetzten Zeiten.

ne … **personne**

Ne … personne umschließt das konjugierte Verb und den Infinitiv oder das Partizip.

konjugiertes Verb + Infinitiv

Il ne veut rencontrer personne.
Er möchte **niemanden** treffen.

avoir / être + Partizip

Il n'a invité personne.
Er hat **niemanden** eingeladen.

Bei verneintem Infinitiv stehen **ne** und **pas** zusammen.

ne + pas + Infinitiv

Prière de **ne pas** stationner /
Sortie de voitures
Bitte **nicht** parken / Ausfahrt

Verneinung in Verbindung mit Mengen

Bei Mengenangaben drückt die Verneinung die Menge Null aus.

pas + **Menge** = **Menge 0**

Zwischen der Verneinung und dem folgenden Substantiv steht **de**.

Vor Vokal oder stummem h wird **de** zu **d'**.

du	café
de la	viande
des	oranges
un	restaurant
une	école
des	hôtels

› **pas** → **de** / **d'**: café, viande, oranges, restaurant, école, hôtels

Je n'ai	**pas de**	café.	Ich habe	**keinen** Kaffee.
	jamais de	viande.		**nie** Fleisch.
	plus d'	oranges.		**keine** Orangen **mehr**.

Près d'ici, il n'y a	**pas de**	restaurant.	Es gibt hier in der Nähe	**kein** Restaurant.
	toujours pas d'	école.		**immer noch keine** Schule.
	plus d'	hôtels.		**keine** Hotels **mehr**.

Eine Ausnahme bildet die Verneinung in Verbindung mit Mengen bei den Verben **être**, **aimer**, **adorer**, **détester**.

aimer **adorer** **détester**	**pas**	bestimmter Artikel: **le, la, les**

Bei **aimer**, **adorer**, **détester** folgt ein **bestimmter Artikel**.

Je n'aime pas **les** serpents. — Ich mag **keine** Schlangen.

Je n'adore pas **le** fromage. — Ich liebe Käse **nicht**.

être	**pas**	unbestimmter Artikel: **un, une, des**

Bei **être** steht der unbestimmte Artikel.

Ce n'est pas un rat, c'est une souris.
Das ist keine Ratte, das ist eine Maus.

8 Das Verb

Was sind Verben und was **drücken** sie in einem Satz **aus**?

Welche Arten von Verben gibt es im Französischen?

VERB
verb

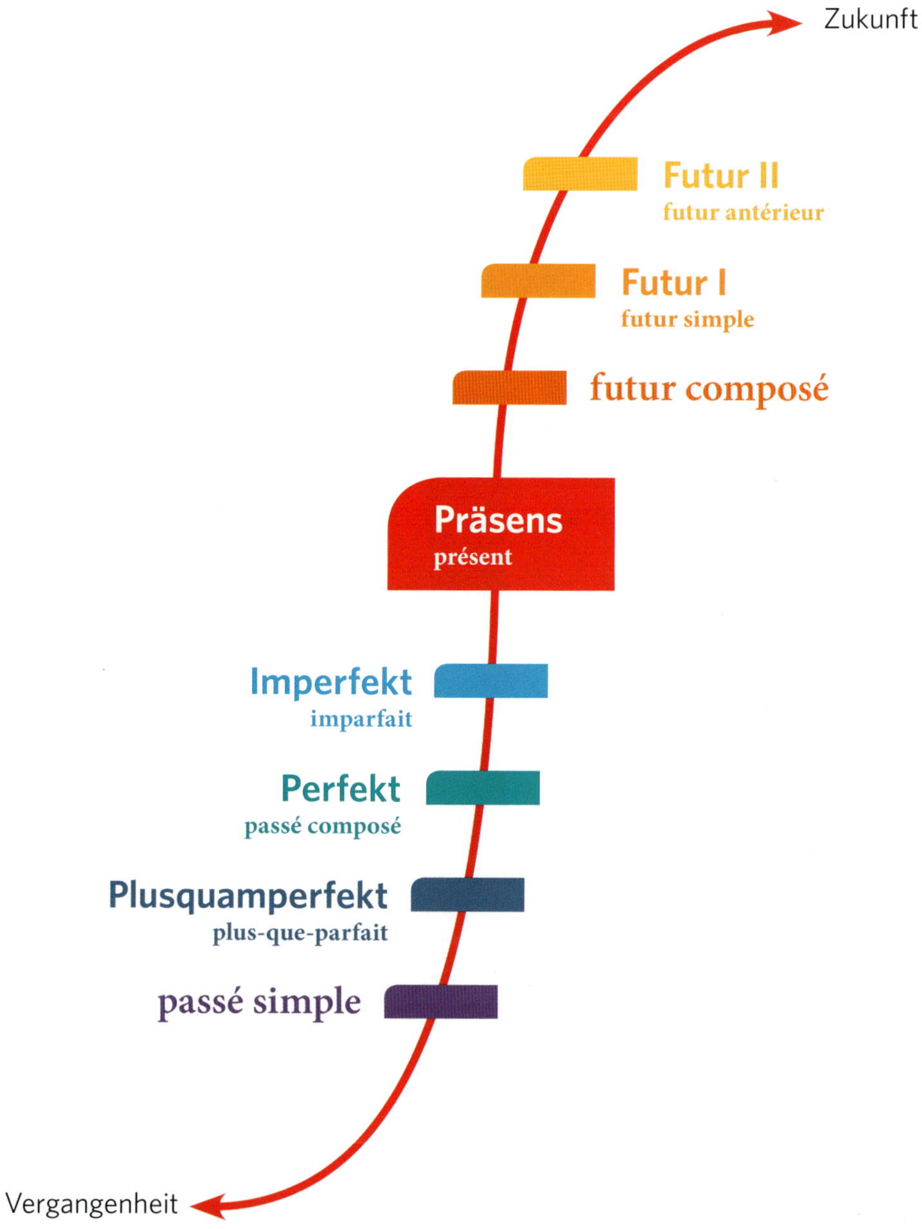
Zukunft
Futur II
futur antérieur
Futur I
futur simple
futur composé
Präsens
présent
Imperfekt
imparfait
Perfekt
passé composé
Plusquamperfekt
plus-que-parfait
passé simple
Vergangenheit

si — imparfait → **Konditional I** (conditionnel présent)

si — Plusquamperfekt → **Konditional II** (conditionnel passé)

que → **subjonctif**

que → **subjonctif passé**

Imperativ
impératif

Passiv
passif

en + Participe présent = **Gerundium**
gérondif

Bei den Zeiten:

passé composé
Plusquamperfekt
Futur II
Konditional II
subjonctif passé

brauchen Sie das → **Partizip Perfekt**
participe passé

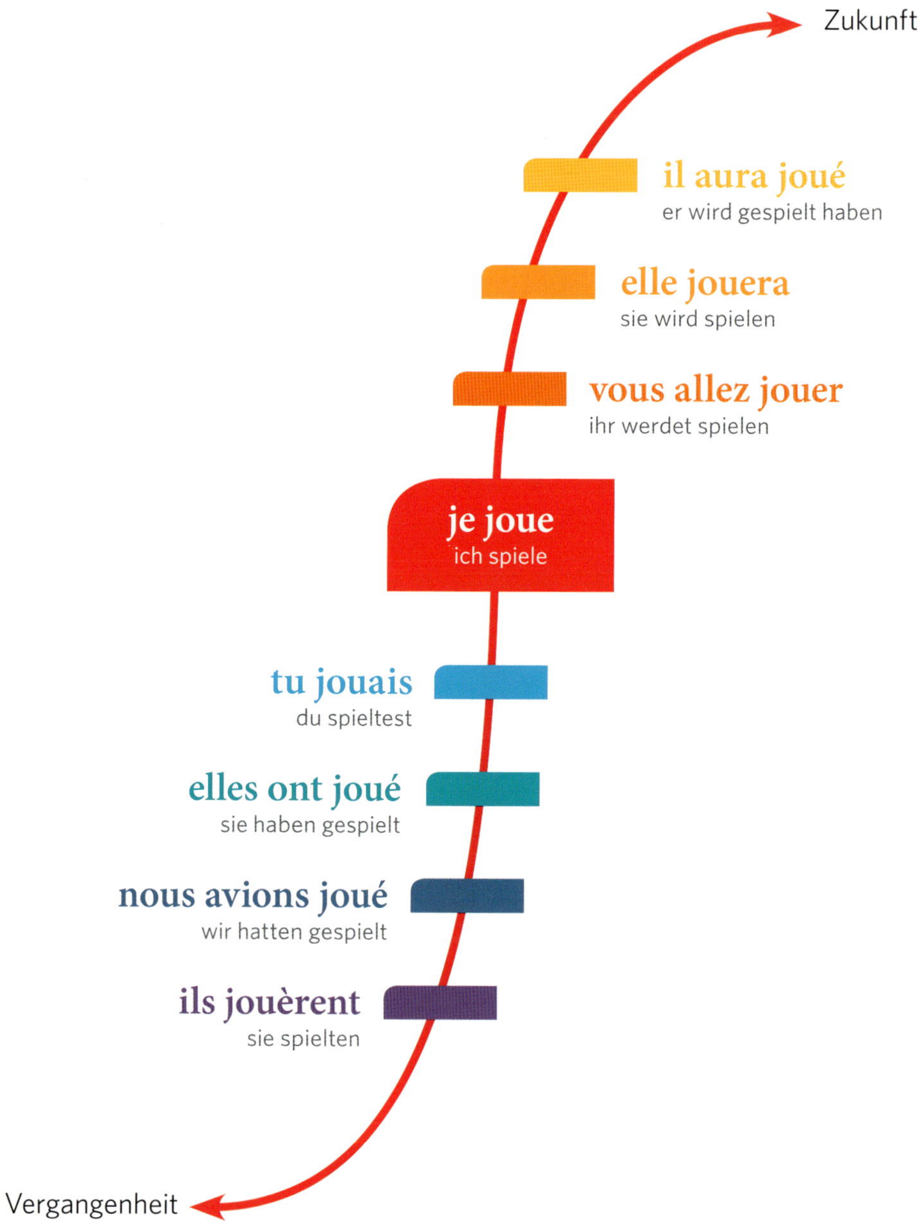
Zukunft
il aura joué
er wird gespielt haben
elle jouera
sie wird spielen
vous allez jouer
ihr werdet spielen
je joue
ich spiele
tu jouais
du spieltest
elles ont joué
sie haben gespielt
nous avions joué
wir hatten gespielt
ils jouèrent
sie spielten
Vergangenheit

si
wenn

imparfait → **elles joueraient**
sie spielen würden

Plusquamperfekt → **tu aurais joué**
du gespielt haben würdest

que
dass

→ **nous jouions**
wir spielen würden

→ **vous ayez joué**
ihr gespielt hättet

jouez !
spielt / spielen Sie!

il est joué
er/sie/es ist gespielt (z.B. ein Spiel)

en jouant
spielend

Bei den Zeiten:

passé composé
Plusquamperfekt
Futur II
Konditional II
subjonctif passé

brauchen Sie das → **joué**
gespielt

Das Präsens

Die Bildung der Verben auf -er im Präsens

Tolle Sache!
Die meisten der Verben auf **-er** sind regelmäßig und sie entsprechen rund 90% der französischen Verben.

parler sprechen

	Stamm	**Endung**
	parl	**er**
	sprech	en
1 je	parl	**e**
2 tu	parl	**es**
3 il / elle / on	parl	**e**
1 nous	parl	**ons**
2 vous	parl	**ez**
3 ils / elles	parl	**ent**

Alle Verben auf **-er** haben im Präsens die Endungen **-e**, **-es**, **-e**, **-ons**, **-ez**, **-ent**.

Einfache Aussprache!
In der gesprochenen Sprache hört man nur die Endungen **-ons** und **-ez**.
Die Endungen **-e**, **-es** und **-ent** sind **stumm**.
Die 1., 2. und 3. Person Singular sowie die 3. Person Plural klingen alle gleich und man hört nur den Stamm.

En ce moment, ils jouent.
Zur Zeit spielen sie.

		Erinnerung an das **Personalpronomen**		Bemerkungen
Singular	1	ich	je j'	Vor Vokal oder stummem h wird je zu j'.
	2	du	tu	
	3	er	il	> Es gibt kein Neutrum.
		sie	elle	
		man / wir	on	> **on** = man: **On** dit que... Man sagt das ... **on** wird oft als **wir** benutzt, z.B.: **On** mange. Wir essen.
Plural	1	wir	nous	
	2	ihr / Sie	vous	Die Höflichkeitsform **Sie** wird mit vous gebildet.
	3	sie (männlich)	ils	Männlich + weiblich = männlich, z. B.:
		sie (weiblich)	elles	**Ils** se sont mariés. **Sie** haben geheiratet.

Aussprache:
Endungen auf **e** sind stumm, d.h. sie werden nicht ausgesprochen, außer:
- in Songs, wenn die Silbe für die Melodie gewünscht ist (je t'aimeeeeee...)
- mit südfranzösischem Akzent, z.B. bei je mange toute la journée werden alle e-Endungen ausgesprochen.

Aufgepasst!
Einige Verben haben Besonderheiten in der Schreibweise, je nach Person.

Dabei unterscheidet man zwischen stammbetonten Formen (1./2./3. Pers. Sg. und 3. Pers. Pl.) und endungsbetonten Formen (1. und 2. Pers. Pl.).

1. Pers. Pl.

Besonderheit der Verben auf -**cer** und -**ger** bei **nous** (1. Pers. Pl.).

1., 2., 3. Pers. Sg. 3. Pers. Pl.

Besonderheiten bei Verben auf -**yer** und -**e-er** mit unterschiedlichen stamm- und endungsbetonten Formen.

Verben, die auf -cer enden

Besonderheiten in der Schreibweise

Damit die Aussprache des Stammes immer erhalten bleibt, wird in der **1. Person Plural** -**c** zu -**ç**.

1. Pers. Pl.

Achtung!
Es betrifft nur die Person **nous** wir.

Präsens **c > ç lancer** werfen

	Stamm	**Endung**
	lanc	**er**
	werf	en
je	lanc	**e**
tu	lanc	**es**
il / elle / on	lanc	**e**
nous	lan**ç**	**ons**
vous	lanc	**ez**
ils / elles	lanc	**ent**

Aussprache

c vor den Vokalen e, i und **y** wird als [s] ausgesprochen, z.B.:
je lance [lɑ̃sɔ], ici [isi], Cyrano [siʀanɔ]

c vor den Vokalen a, o, u wird als [k] ausgesprochen, z.B.:
Coca-Cola [kɔkakɔla]

ç steht vor a, o oder **u** und wird als [s] ausgesprochen, z.B.:
nous lançons [lɑ̃sɔ̃]

Nach diesem Konjugationsmuster werden auch folgende Verben konjugiert:

commencer anfangen
je commence / nous commençons

annoncer ankündigen
j'annonce, nous annonçons

placer setzen, stellen, legen
je place, nous plaçons

prononcer aussprechen
je prononce, nous prononçons

Sowie alle daraus abgeleiteten Verben, z.B.:

balancer schaukeln
s'élancer vorspringen / nach vorn springen
recommencer von vorn wieder anfangen

Verben, die auf -ger enden

Besonderheiten in der Schreibweise

Damit die Aussprache des Stammes immer erhalten bleibt, wird in der **1. Person Plural -g** zu **-ge**.

1. Pers. Pl.

Achtung!
Es betrifft nur die Person **nous** wir.

Präsens g › ge manger essen

	Stamm	**Endung**
	mang	**er**
	ess	en
je	mang	**e**
tu	mang	**es**
il / elle / on	mang	**e**
nous	mang**e**	**ons**
vous	mang	**ez**
ils / elles	mang	**ent**

Aussprache

g vor den Vokalen e, i und **y** wird als [ʒ] ausgesprochen, z.B.:
je mange, [mɑ̃ʒ], garagiste [gaʀaʒist]

g vor den Vokalen a, o, u wird als [g] ausgesprochen, z.B.:
gargouille [gaʀguj] Wasserspeier

ge steht vor a, o oder **u** und wird als [ʒ] ausgesprochen, z.B.:
nous mangeons [mɑ̃ʒɔ̃]

Nach diesem Konjugationsmuster werden auch folgende Verben konjugiert:

nager schwimmen
je nage / nous nageons

plonger tauchen / hechten
je plonge / nous plongeons

ranger aufräumen
je range / nous rangeons

changer verändern
je change / nous changeons

Sowie alle daraus abgeleiteten Verben, z.B.:

déranger stören
se **changer** sich umziehen

Verben, die auf -yer enden

Besonderheiten in der Schreibweise

Bei den Verben, die auf **-ayer**, **-oyer** und auf **-uyer** enden, wird das **-y** zu **-i** in der **1., 2. und 3. Person Singular** sowie in der **3. Person Plural**.

1., 2., 3. Pers. Sg. 3. Pers. Pl.

Achtung!
Es betrifft alle Personen außer **nous** wir und **vous** ihr / Sie.

Präsens y > i **payer** bezahlen	Stamm	Endung	**nettoyer** putzen Stamm	Endung	**essuyer** abtrocknen Stamm	Endung
	pay	**er**	nettoy	**er**	essuy	**er**
	bezahl	en	putz	en	abtrockn	en
je	pai	**e**	nettoi	**e**	essui	**e**
tu	pai	**es**	nettoi	**es**	essui	**es**
il / elle / on	pai	**e**	nettoi	**e**	essui	**e**
nous	pay	**ons**	nettoy	**ons**	essuy	**ons**
vous	pay	**ez**	nettoy	**ez**	essuy	**ez**
ils / elles	pai	**ent**	nettoi	**ent**	essui	**ent**

Bei den Verben auf **-ayer** existieren ebenfalls die Formen mit **-y** (je balaie / je bal**aye**). Sie werden aber selten genutzt.

Aussprache:
Bei diesen Verben werden die Endungen sowohl **-aie** [ɛ] als auch **-aye** [ej] ausgesprochen, z.B.: je paie / je paye.

Nach diesem Konjugationsmuster werden auch folgende Verben konjugiert:

Verben auf **-ayer**	**essayer** versuchen j'essaie / nous essayons **effrayer** erschrecken j'effraie / nous effrayons **rayer** durchstreichen / verschrammen je raie / nous rayons
Verben auf **-oyer**	**envoyer** schicken j'envoie / nous envoyons **employer** verwenden / anstellen j'emploie / nous employons **noyer** ertrinken / ertränken je noie / nous noyons **aboyer** bellen j'aboie / nous aboyons
Verben auf **-uyer**	**appuyer** abstützen / bekräftigen j'appuie / nous appuyons **s'ennuyer** sich langweilen je m'ennuie / nous nous ennuyons

Sowie alle daraus abgeleiteten Verben, z.B.:

renvoyer zurückschicken
réemployer / remployer wieder verwenden
se noyer ertrinken

Verben auf -er mit stamm- und endungsbetonten Formen

Besonderheiten

Bei den Verben, die auf **-e** (oder **é**) + Konsonant + **er** enden, wird das **e** oder das **é** des Stammes zu **è**.

Der Laut [œ] oder **é** [e] wird in den stammbetonten Formen zu è [ɛ].

1., 2., 3. Pers. Sg. 3. Pers. Pl.

Achtung!
Es betrifft alle Personen außer **nous** wir und **vous** ihr / Sie.

Präsens **e > è**
acheter kaufen

	Stamm	**Endung**
	achet	**er**
	kauf	en
J'	achèt	**e**
tu	achèt	**es**
il / elle / on	achèt	**e**
nous	achet	**ons**
vous	achet	**ez**
ils / elles	achèt	**ent**

Präsens **é > è**
préférer bevorzugen / lieber haben

	Stamm	**Endung**
	préfér	**er**
	vorzieh	en
je	préfèr	**e**
tu	préfèr	**es**
il / elle / on	préfèr	**e**
nous	préfér	**ons**
vous	préfér	**ez**
ils / elles	préfèr	**ent**

Nach diesem Konjugationsmuster werden auch folgende Verben konjugiert:

lever hochheben
je lève / nous levons

mener leiten / führen
je mène / nous menons

peser wiegen
je pèse / nous pesons

Sowie alle daraus abgeleiteten Verben, z.B.:
se **lever** aufstehen,
en**lever** ausziehen / entfernen,
em**mener** mitnehmen,
se **promener** spazieren gehen usw...

compléter vervollständigen
je complète / nous complétons

espérer hoffen
j'espère / nous espérons

répéter wiederholen
je répète / nous répétons

exagérer übertreiben
j'exagère / nous exagérons

posséder besitzen
je possède / nous possédons

Die Verben appeler und jeter

Besonderheiten in der Schreibweise

Die Verben **appeler**, **jeter** und die daraus abgeleiteten Verben **verdoppeln das l oder das t** des Stammes in den stammbetonten Formen.

Auch hier wird der Laut [œ] zu è [ɛ].

1., 2., 3. Pers. Sg. 3. Pers. Pl.

Achtung! Es betrifft alle Personen außer **nous** wir und **vous** ihr / Sie.

Präsens l > ll
appeler rufen

	Stamm	Endung
	appel	**er**
	ruf	en
j'	appell	e
tu	appell	es
il / elle / on	appell	e
nous	appel	ons
vous	appel	ez
ils / elles	appell	ent

Präsens t > tt
jeter werfen / wegwerfen

	Stamm	Endung
	jet	**er**
	(weg)werf	en
je	jett	e
tu	jett	es
il / elle / on	jett	e
nous	jet	ons
vous	jet	ez
ils / elles	jett	ent

Diese Regel gilt nur für die Verben **appeler** und **jeter** sowie **die davon abgeleiteten Verben**.

Nach diesem Konjugationsmuster werden daher auch konjugiert:

die aus **appeler** abgeleiteten Verben, z.B.:

s'appeler heißen
je m'appelle / nous nous appelons

se rappeler sich erinnern
je me rappelle / nous nous rappelons

die aus **jeter** abgeleiteten Verben, z.B.:

projeter planen / projizieren
je projette / nous projetons

rejeter ablehnen
je rejette / nous rejetons

Die Bildung der Verben auf -ir im Präsens

Insgesamt gibt es ungefähr 300 Verben, die auf **-ir** enden.

Sie sind in 2 Kategorien unterteilt: mit und ohne Stammerweiterung.

Alle Verben auf **-ir** haben im Präsens die Endungen **-s**, **-s**, **-t**, **-ons**, **-ez**, **-ent**.

Beachten Sie, dass auch die Verben ohne Stammerweiterungen zwei unterschiedliche Stämme im Singular und Plural haben. Bei den Verben wie **partir** wird dabei der letzte Konsonant des Stammes im Singular weggelassen, kommt aber im Plural wieder dazu: je pars / nous partons, je dors / nous dormons.

Verben auf -ir ohne Stammerweiterung

partir weggehen / abreisen

	Stamm	Endung
	part	**ir**
	weggeh	en
je	par	**s**
tu	par	**s**
il / elle / on	par	**t**
nous	part	**ons**
vous	part	**ez**
ils / elles	part	**ent**

Nach diesem Konjugationsmuster werden auch folgende Verben konjugiert:

dormir schlafen
je dors / nous dormons

sentir fühlen
je sens / nous sentons

sortir ausgehen / hinausgehen
je sors / nous sortons

mentir lügen
je mens / nous mentons

Einfache Aussprache!
Die Endungen **-s** und **-t** sind **stumm**.
Die **1., 2. und 3. Person Singular klingen alle gleich** und man **hört nur den Stamm**.

Verben auf -ir mit Stammerweiterung

Die Verben auf **-ir** mit Stammerweiterung haben im Präsens dieselben Endungen **-s**, **-s**, **-t**, **-ons**, **-ez**, **-ent** wie die Verben ohne.

Zusätzlich kommt bei allen drei Personen im Plural **-ss** vor der Endung.

+ -iss **1., 2., 3. Pers. Pl.**

Achtung!
Es betrifft nur die Personen im **Plural.**

finir beenden

	Stamm	**Endung**
	fin	**ir**
	beend	en
je	fin**i**	**s**
tu	fin**i**	**s**
il / elle / on	fin**i**	**t**
nous	fin**iss**	**ons**
vous	fin**iss**	**ez**
ils / elles	fin**iss**	**ent**

Nach diesem Konjugationsmuster werden auch folgende Verben konjugiert:

applaudir applaudieren
j'applaudis / nous applaudissons

choisir auswählen
je choisis / nous choisissons

réussir Erfolg haben / bestehen
je réussis / nous réussissons

réfléchir nachdenken / überlegen
je réfléchis / nous réfléchissons

grandir wachsen
je grandis / nous grandissons

Einfache Aussprache!

Die Endungen **-s** und **-t** sind stumm. Die **1., 2. und 3. Person Singular klingen alle gleich** und man **hört nur den Stamm + i**.

Die Bildung der Verben auf -re im Präsens

Diese Verbgruppe enthält ungefähr 180 Verben, wovon viele unregelmäßig sind.

Die Verben auf **-re** enden in der Regel auch auf **-s**, **-s**, **-t**, **-ons**, **-ez**, **-ent**.

Da sie aber oft einen unregelmäßigen Stamm haben, muss man jedes Verb einzeln lernen.

Tipp!

Am besten lernen Sie zu jedem neu gelernten Verb die Konjugation gleich mit.

Beispiel ohne Stammerweiterung

rire lachen

	Stamm	Endung
	ri	**re**
	lach	en
je	ri	**s**
tu	ri	**s**
il / elle / on	ri	**t**
nous	ri	**ons**
vous	ri	**ez**
ils / elles	ri	**ent**

Beispiel mit Stammerweiterung

lire lesen

	Stamm	Endung
	li	**re**
	les	en
je	li	**s**
tu	li	**s**
il / elle / on	li	**t**
nous	li**s**	**ons**
vous	li**s**	**ez**
ils / elles	li**s**	**ent**

Die Verben auf -dre

Besonderheiten in der Schreibweise

Die Verben auf **-dre** haben dieselben Endungen bis auf eine Ausnahme: in der 3. Person Singular wird keine Endung angehängt.
Sie enden auf **-s**, **-s**, -, **-ons**, **-ez**, **-ent**.

3. Pers. Sg.

Schnell gemerkt!
Es betrifft nur die **3. Personen Singular**.

attendre warten

	Stamm	**Endung**
	atten**d**	**re**
	wart	en
j'	attend	**s**
tu	attend	**s**
il / elle / on	attend	
nous	attend	**ons**
vous	attend	**ez**
ils / elles	attend	**ent**

Nach diesem Konjugationsmuster werden auch folgende Verben konjugiert:

entendre hören
il entend/ nous entendons

perdre verlieren
il perd/ nous perdons

vendre verkaufen
il vend / nous vendons

rendre zurückgeben
il rend/ nous rendons

Die wichtigsten unregelmäßigen Verben im Präsens

Leider gibt es kein System, es hilft nur auswendig lernen, wie die kleinen Franzosen in der Schule ...

avoir
haben

j'**ai**
tu **as**
il/elle/on **a**
nous **avons**
vous **avez**
ils/elles **ont**

être
sein

je **suis**
tu **es**
il/elle/on **est**
nous **sommes**
vous **êtes**
ils/elles **sont**

aller
gehen

je **vais**
tu **vas**
il/elle/on **va**
nous **allons**
vous **allez**
ils/elles **vont**

faire
machen

je **fais**
tu **fais**
il/elle/on **fait**
nous **faisons**
vous **faites**
ils/elles **font**

Achtung Aussprache!
faisons = [fəzɔ̃]

dire
sagen

je **dis**
tu **dis**
il/elle/on **dit**
nous **disons**
vous **dites**
ils/elles **disent**

nach dem gleichen Muster

interdire
verbieten

plaire
gefallen

je **plais**
tu **plais**
il/elle/on **plaît**
nous **plaisons**
vous **plaisez**
ils/elles **plaisent**

conduire fahren	nach dem gleichen Muster
je **conduis** tu **conduis** il/elle/on **conduit** nous **conduisons** vous **conduisez** ils/elles **conduisent**	**construire** bauen **cuire** kochen **traduire** übersetzen

connaître kennen	nach dem gleichen Muster
je **connais** tu **connais** il/elle/on **connaît** nous **connaissons** vous **connaissez** ils/elles **connaissent**	**disparaître** verschwinden **paraître** scheinen / erscheinen

boire trinken
je **bois** tu **bois** il/elle/on **boit** nous **buvons** vous **buvez** ils/elles **boivent**

écrire schreiben	nach dem gleichen Muster
j'**écris** tu **écris** il/elle/on **écrit** nous **écrivons** vous **écrivez** ils/elles **écrivent**	**décrire** beschreiben **inscrire** einschreiben

prendre nehmen	nach dem gleichen Muster
je **prends** tu **prends** il/elle/on **prend** nous **prenons** vous **prenez** ils/elles **prennent**	**comprendre** verstehen **surprender** überraschen

suivre folgen	nach dem gleichen Muster
je **suis** tu **suis** il/elle/on **suit** nous **suivons** vous **suivez** ils/elles **suivent**	**poursuivre** verfolgen

vivre leben	nach dem gleichen Muster
je **vis** tu **vis** il/elle/on **vit** nous **vivons** vous **vivez** ils/elles **vivent**	**survivre** überleben

croire glauben
je **crois**
tu **crois**
il/elle/on **croit**
nous **croyons**
vous **croyez**
ils/elles **croient**

craindre fürchten	nach dem gleichen Muster
je **crains**	**atteindre** erreichen
tu **crains**	**contraindre** zwingen
il/elle/on **craint**	**joindre** verbinden
nous **craignons**	**se plaindre** sich beklagen
vous **craignez**	
ils/elles **craignent**	

mettre setzen / stellen / legen	nach dem gleichen Muster
je **mets**	**permettre** erlauben
tu **mets**	**promettre** versprechen
il/elle/on **met**	**transmettre** übertragen
nous **mettons**	
vous **mettez**	
ils/elles **mettent**	

rire lachen
je **ris**
tu **ris**
il/elle/on **rit**
nous **rions**
vous **riez**
ils/elles **rient**

ouvrir öffnen	nach dem gleichen Muster
j'**ouvre** tu **ouvres** il/elle/on **ouvre** nous **ouvrons** vous **ouvrez** ils/elles **ouvrent**	**découvrir** entdecken **offrir** anbieten / schenken **souffrir** leiden

courir laufen	nach dem gleichen Muster
je **cours** tu **cours** il/elle/on **court** nous **courons** vous **courez** ils/elles **courent**	**concourir** beitragen **parcourir** durchlaufen

mourir sterben
je **meurs** tu **meurs** il/elle/on **meurt** nous **mourons** vous **mourez** ils/elles **meurent**

venir kommen	nach dem gleichen Muster
je **viens** tu **viens** il/elle/on **vient** nous **venons** vous **venez** ils/elles **viennent**	**appartenir** gehören **devenir** werden **soutenir** unterstützen **tenir** halten

devoir
müssen

je **dois**
tu **dois**
il/elle/on **doit**
nous **devons**
vous **devez**
ils/elles **doivent**

pouvoir
gefallen

je **peux**
tu **peux**
il/elle/on **peut**
nous **pouvons**
vous **pouvez**
ils/elles **peuvent**

recevoir
empfangen / bekommen

je **reçois**
tu **reçois**
il/elle/on **reçoit**
nous **recevons**
vous **recevez**
ils/elles **reçoivent**

savoir
wissen

je **sais**
tu **sais**
il/elle/on **sait**
nous **savons**
vous **savez**
ils/elles **savent**

voir
sehen

je **vois**
tu **vois**
il/elle/on **voit**
nous **voyons**
vous **voyez**
ils/elles **voient**

vouloir
wollen

je **veux**
tu **veux**
il/elle/on **veut**
nous **voulons**
vous **voulez**
ils/elles **veulent**

pleuvoir
regnen

-
-
il **pleut**
-
-
-

valoir
gelten / Wert sein

je **vaux**
tu **vaux**
il **vaut**
nous **valons**
vous **valez**
ils **valent**

falloir
nötig sein

-
-
il **faut**
-
-
-

Die Bildung der reflexiven Verben

Reflexive Verben haben ein **Reflexivpronomen** bei sich, das sich auf das **Subjekt** bezieht (wie im Deutschen).

Die Reflexivpronomen sind **me**, **te**, **se**, **nous**, **vous**, **se**.

se laver sich waschen

	Reflexiv-Pronomen	Verb
	se sich	laver waschen
je	**me**	lave
tu	**te**	lave
il / elle / on	**se**	lave
nous	**nous**	lavons
vous	**vous**	lavez
ils / elles	**se**	lavent

Achtung!

Im Gegensatz zum Deutschen stehen die Reflexivpronomen vor dem konjugierten Verb.

Einfacher als im Deutschen: Im Französischen gibt es **nur eine Form** für die Reflexivpronomen. Sie brauchen nicht zwischen Akkusativ oder Dativ zu unterscheiden, z.B.:

Je **me** douche.
Ich dusche **mich**.

Je **me** brosse les dents.
Ich putze **mir** die Zähne.

Vor Vokal oder stummem h werden **me**, **te**, **se** zu **m'**, **t'** und **s'**.

s' habiller sich anziehen

	Reflexiv-Pronomen	Verb
	s' sich	habiller anziehen
je	m'	habille
tu	t'	habilles
il / elle / on	s'	habille
nous	nous	habillons
vous	vous	habillez
ils / elles	s'	habillent

Unterschiede!

Viele französische reflexive Verben sind auch im Deutschen reflexiv und umgekehrt, aber nicht alle!

Im Französischen reflexiv, im Deutschen nicht:
- **s'**appeler heißen
- **se** promener spazieren gehen
- **s'**étonner staunen
- **se** lever aufstehen
- **se** coucher schlafen gehen
- **se** marier heiraten

...und umgekehrt:
- bouger sich bewegen
- avoir honte sich schämen
- avoir peur sich fürchten
- tomber amoureux sich verlieben
- séjourner sich aufhalten
- divorcer sich scheiden lassen

Elle **s'**appelle Rose.
Sie heißt Rose.

Elle a divorcé de son deuxième mari.
Sie hat **sich** von ihrem zweiten Mann scheiden lassen.

Die Vergangenheit

Die Bildung des imparfait

Die Imperfektendungen sind
-ais, **-ais**, **-ait**, **-ions**, **-iez**, **-aient**.
Sie werden an den **Stamm der**
1. Person Plural (**nous** / wir) Präsens angehängt.

regarder anschauen

	Stamm	Endung
	regard anschau	**er** en
je	regard	**ais**
tu	regard	**ais**
il / elle / on	regard	**ait**
nous	regard	**ions**
vous	regard	**iez**
ils / elles	regard	**aient**

Aussprache!

In der gesprochenen Sprache klingen die **1., 2. und 3. Person Singular** sowie die **3. Person Plural alle gleich**. Sie hören die Endung [ɛ]. Sie schreiben je nach Person **ais**, **ait** oder **aient**.

So können Sie ganz leicht und sicher das **imparfait** bilden, z.B.:

Infinitiv	1. Person Plural Präsens			imparfait	
parler	nous	**parl**	ons	je	**parlais**
prendre	nous	**pren**	ons	tu	**prenais**
aller	nous	**all**	ons	il	**allait**
dormir	nous	**dorm**	ons	nous	**dormions**
finir	nous	**finiss**	ons	vous	**finissiez**
faire	nous	**fais**	ons	ils	**faisaient**

Imparfait: Stamm der 1. Pers. Pl. (**nous**) + Endung

Einfach schön!
Im imparfait sind alle Verben **regelmäßig**, außer être.

être sein

	Stamm	Endung
	êt	**re**
	sei	n
j'	ét	**ais**
tu	ét	**ais**
il / elle / on	ét	**ait**
nous	ét	**ions**
vous	ét	**iez**
ils / elles	ét	**aient**

Es gibt nur eine Ausnahme: das Verb **être** hat im imparfait einen anderen Stamm: **ét-**.

Quand j'**étais** petit, je **voulais** devenir superman.
Als ich klein **war**, **wollte** ich Superman werden.

Verben, die auf -cer enden

Besonderheiten in der Schreibweise

Damit die Aussprache des Stammes immer erhalten bleibt, wird **-c** zu **-ç in allen Personen außer bei der 1. und 2. Person Plural**.

1., 2., 3. Pers. Sg.
3. Pers. Pl.

Es betrifft **alle Personen außer nous** wir und **vous** ihr / Sie.

imparfait c > ç: lancer werfen

	Stamm	Endung
	lanc	**er**
	werf	en
je	lanç	**ais**
tu	lanç	**ais**
il / elle / on	lanç	**ait**
nous	lanc	**ions**
vous	lanc	**iez**
ils / elles	lanç	**aient**

Aussprache

c vor den Vokalen e, i und **y** wird als [s] ausgesprochen, z.B.:
nous lancions [lɑ̃sjɔ̃], vous lanciez [lɑ̃sje]

c vor den Vokalen a, o, u wird als [k] ausgesprochen, z.B.:
Coca-Cola [kɔkakɔla]

ç steht vor a, o oder **u** und wird als [s] ausgesprochen, z.B.:
je lançais [lɑ̃sɛ]

Nach diesem Konjugationsmuster werden auch folgende Verben konjugiert:

commencer anfangen
je commençais / nous commencions

percer bohren
je perçais / nous percions

rincer (aus)spülen
je rinçais / nous rincions

bercer (qn.) (jdn.) wiegen
je berçais / nous bercions

Sowie alle daraus abgeleiteten Verben, z.B.:

balancer schaukeln
s'élancer vorspringen / nach vorn springen
recommencer von vorn wieder anfangen
transpercer durchbohren / durchschlagen

Verben, die auf -ger enden

Besonderheiten in der Schreibweise

Damit die Aussprache des Stammes immer erhalten bleibt, wird **-g** zu **-ge in allen Personen außer bei der 1. und 2. Person Plural**.

1., 2., 3. Pers. Sg. 3. Pers. Pl.

Achtung! Es betrifft **alle Personen außer nous** wir und **vous** ihr / Sie.

imparfait g > ge: manger essen

	Stamm	Endung
	mang	**er**
	ess	en
je	mange	**ais**
tu	mange	**ais**
il / elle / on	mange	**ait**
nous	mang	**ions**
vous	mang	**iez**
ils / elles	mange	**aient**

Aussprache

g vor den Vokalen e, i und **y** wird als [ʒ] ausgesprochen, z.B.:
je mange, [mɑ̃ʒ], nous mangions [mɑ̃ʒjɔ̃]

g vor den Vokalen a, o, u wird als [g] ausgesprochen, z.B.:
gargouille [gaʀguj] Wasserspeier

ge steht vor a, o oder **u** und wird als [ʒ] ausgesprochen, z.B.:
je mangeais [mɑ̃ʒɛ]

Nach diesem Konjugationsmuster werden auch folgende Verben konjugiert:

nager schwimmen
je nageais / nous nagions

plonger tauchen
je plongeais / nous plongions

ranger aufräumen
je rangeais / nous rangions

changer verändern
je changeais / nous changions

Sowie alle daraus abgeleiteten Verben, z.B.:

déranger stören
se changer sich umziehen

Die Bildung des Perfekts oder passé composé

passé composé mit **avoir**	**passé composé** mit **être**
- die meisten Verben incl. **être** und **avoir** selbst: J'ai été au cinéma hier soir. Ich war gestern im Kino.	- reflexive Verben: Je me suis levée tard ce matin. Ich bin heute früh spät aufgestanden.
- Verben der Bewegungs**art**: **courir**, **marcher**, **nager** etc. - einige Verben der Bewegungs**richtung** nur wenn ein **direktes Objekt** folgt: J'ai descendu la valise. Ich habe den Koffer runtergebracht.	- Verben der Bewegungs**richtung** oder des Verweilens: **aller arriver entrer partir** **rester rentrer tomber venir** **revenir** Je suis descendu dans la rue. Ich bin auf die Straße heruntergegangen.
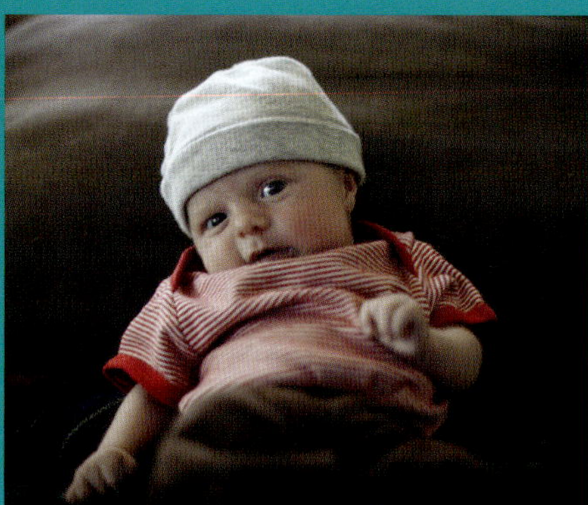	- Die Verben **naître**, **devenir**, **mourir**, **décéder** Je suis née en 1980. Ich wurde 1980 geboren.

passé composé mit **avoir**		
	Präsensform von **avoir**	Partizip Perfekt
parler sprechen		
j'	ai	parlé
tu	as	parlé
il/elle/on	a	parlé
nous	avons	parlé
vous	avez	parlé
ils/elles	ont	parlé

passé composé mit **être**		
	Präsensform von **être**	Partizip Perfekt
arriver ankommen		
je	suis	arrivé(e)
tu	es	arrivé(e)
il/elle/on	est	arrivé(e)(s)
nous	sommes	arrivé(e)s
vous	êtes	arrivé(e)s
ils/elles	sont	arrivé(e)s

Die Angleichung des Partizip Perfekts bei avoir

Beim **passé composé** mit **avoir** → ist das **Partizip Perfekt** **unveränderlich.**

J'ai vu la mer.
Ich habe das Meer gesehen.

J'ai vu le bâteau.
Ich habe das Schiff gesehen.

J'ai vu les rochers.
Ich habe die Felsen gesehen.

J'ai vu les vagues.
Ich habe die Wellen gesehen.

Steht dagegen ein **direktes Objekt** (Akkusativ) **vor** dem konjugierten **avoir** → dann **gleicht sich** das **Partizip Perfekt** **in Geschlecht und Zahl** an das **direkte Objekt** an.

Je **l'ai vue**.
Ich habe sie gesehen.

Je **l'ai vu**.
Ich habe ihn gesehen.

oder

Je **les ai vus**.
Ich habe sie gesehen.

Je **les ai vues**.
Ich habe sie gesehen.

Die Angleichung des Partizip Perfekts bei être

Beim **passé composé** mit **être** gleicht sich das **Partizip Perfekt in Geschlecht und Zahl** an das **Subjekt** an.

Elle est déscendue.
Sie ist runtergegangen.

Il est monté.
Er ist hochgegangen.

Elles sont parties.
Sie sind weggegangen.

 oder 

Ils sont venus.
Sie sind gekommen.

Ils se **sont** pourtant **rencontrés.**
Sie haben sich jedoch getroffen.

Achtung bei der Angleichung!
Wenn dem reflexiven Verb ein direktes Objekt folgt, so bleibt das Partizip Perfekt unverändert.

Elle s'**est** **lavée**. Sie hat sich gewaschen.	**aber:**	Elle s'**est** **lavé** les mains. Sie hat sich die Hände gewaschen.

Die Bildung des Plusquamperfekts

être/avoir im imparfait + Partizip Perfekt des Hauptverbs

voir sehen

	Hilfsverb im **imparfait**	**Partizip Perfekt**
	avoir haben	**vu** gesehen
j'	**avais**	**vu**
tu	**avais**	**vu**
il / elle / on	**avait**	**vu**
nous	**avions**	**vu**
vous	**aviez**	**vu**
ils / elles	**avaient**	**vu**

Hier ist die **Angleichung** des **Partizip Perfekts** **die gleiche** wie bei dem **passé composé**:

Plusquamperfekt mit avoir haben

Die Angleichung des Partizip Perfekts bei avoir

Die **Angleichung** des **Partizip Perfekts** ist **die Gleiche** wie bei dem **Passé composé**.

Beim **Plusquamperfekt** mit **avoir** → bleibt das **Partizip Perfekt** **unveränderlich**

J'**avais trouvé** une dent.
Ich hatte einen Zahn gefunden.

Steht dagegen ein **direktes Objekt** (Akkusativ) **vor** dem konjugierten **avoir** → dann **gleicht sich** das **Partizip Perfekt** **im Geschlecht und Zahl** mit dem **Direkten objekt** an.

Je **l'avais trouvée**.
Ich hatte sie gefunden.

rester bleiben

	Hilfsverb im imparfait	Partizip Perfekt
	être sein	**resté** geblieben
j'	**étais**	**resté(e)**
tu	**étais**	**resté(e)**
il / elle / on	**était**	**resté(e)(s)**
nous	**étions**	**resté(e)s**
vous	**étiez**	**resté(e)s**
ils / elles	**étaient**	**resté(e)s**

Auch hier ist die **Angleichung** des **Partizip Perfekts** **die gleiche** wie bei dem **passé composé**:

Plusquamperfekt mit être sein

Die Angleichung des Partizip Perfekts bei être

Beim **Plusquamperfekt** mit **être** > **gleicht sich** das **Partizip Perfekt im Geschlecht und Zahl** mit dem **Subjekt** an.

Elle **était endormie**.
Sie war eingeschlafen.

La souris et son cadeau **étaient venus**.
Die Maus und ihr Geschenk sind gekommen.
(In Frankeich ist die Zahnfee eine Maus)

Die Bildung des passé simple

Diese Zeit existiert in der deutschen Sprache nicht.

Das **passé simple** wird **nur in der schriftlichen Sprache** genutzt.
Daher werden auch meist nur die 1. Person Singular und die 3. Person Singular und Plural verwendet. Sie müssen das passé simple also nicht bilden können, sondern lediglich erkennen und verstehen.

Verben auf **-er**

Bei den meisten Verben werden die Endungen des passé simple einfach an dem **Stamm des Infinitivs** angehängt.

aimer lieben

passé simple Verben auf **-er**	Stamm	**Endung**
	aim	**er**
	lieb	en
j'	aim	**ai**
tu	aim	**as**
il / elle / on	aim	**a**
nous	aim	**âmes**
vous	aim	**âtes**
ils / elles	aim	**èrent**

Die Verben auf **-er** bekommen die Endungen **-ai** **-as** **-a** **-âmes** **-âtes** **-èrent**

Lassen Sie sich von den vielen s und Akzenten nicht erschrecken!

Ausgesprochen klingen die Endungen einfach so:

ä	[ɛ]
a	[a]
a	[a]
am	[am]
at	[at]
är	[ɛʀ]

Falls Sie das passé simple aussprechen möchten (laut lesen z.B.):
Die Endungen **-s**, **-t**, **-es** und **-ent** sind stumm.
Außer bei den Verben auf **-er**, klingen die 3. Personen Singular alle gleich.

Un jour elle **rencontra** son prince charmant. Ils **s'aimèren**t, **vécurent** heureux et **eurent** beaucoup d'enfants.
Ein Tages traf sie ihren Märchenprinzen. Sie liebten sich, lebten glücklich und bekamen viele Kinder.

Verben auf -re und -ir

	entendre hören		**choisir** auswählen		
passé simple Verben auf **-re** und **-ir**	Stamm	**Endung**	Stamm	**Endung**	Die Verben auf **-re** und **-ir** bekommen die Endungen **-is**, **-is**, **-it**, **-îmes**, **-îtes**, **-irent**.
	entend	**re**	**chois**	**ir**	
	hör	en	auswähl	en	
j'	entend	**is**	chois	**is**	i [i]
tu	entend	**is**	chois	**is**	i [i]
il / elle / on	entend	**it**	chois	**it**	i [i]
nous	entend	**îmes**	chois	**îmes**	im [im]
vous	entend	**îtes**	chois	**îtes**	it [it]
ils / elles	entend	**irent**	chois	**irent**	ir [iʀ]

Andere Verben

	croire glauben			
passé simple andere Verben	Stamm	**Endung**	Einige Verben, die meist unregelmäßig sind wie z.B. Verben, die auf **-oir** und **-oire** enden, bekommen die Endungen **-us**, **-us**, **-ut**, **-ûmes**, **-ûtes**, **-urent**.	Ausgesprochen klingen die Endungen einfach so:
	cr	**oire**		
	glaub	en		
je	cr	**us**		ü [y]
tu	cr	**us**		ü [y]
il / elle / on	cr	**ut**		ü [y]
nous	cr	**ûmes**		üm [ym]
vous	cr	**ûtes**		üt [yt]
ils / elles	cr	**urent**		ür [yʀ]

Unregelmäßige Verben mit passé simple-Endungen auf -us, -ut usw ...

avoir
haben

j' **eus**
tu **eus**
il/elle/on **eut**
nous **eûmes**
vous **eûtes**
ils/elles **eurent**

être
sein

je **fus**
tu **fus**
il/elle/on **fut**
nous **fûmes**
vous **fûtes**
ils/elles **furent**

recevoir
empfangen / bekommen

je **reçus**
tu **reçus**
il/elle/on **reçut**
nous **reçûmes**
vous **reçûtes**
ils/elles **reçurent**

pouvoir
können

je **pus**
tu **pus**
il/elle/on **put**
nous **pûmes**
vous **pûtes**
ils/elles **purent**

savoir
wissen

je **sus**
tu **sus**
il/elle/on **sut**
nous **sûmes**
vous **sûtes**
ils/elles **surent**

vouloir
wollen

je **voulus**
tu **voulus**
il/elle/on **voulut**
nous **voulûmes**
vous **voulûtes**
ils/elles **voulurent**

boire
trinken

je **bus**
tu **bus**
il/elle/on **but**
nous **bûmes**
vous **bûtes**
ils/elles **burent**

vivre
leben

je **vécus**
tu **vécus**
il/elle/on **vécut**
nous **vécûmes**
vous **vécûtes**
ils/elles **vécurent**

lire
lesen

je **lus**
tu **lus**
il/elle/on **lut**
nous **lûmes**
vous **lûtes**
ils/elles **lurent**

Unregelmäßige Verben mit passé simple-Endungen auf -is, -it usw ...

dire
sagen

je **dis**
tu **dis**
il/elle/on **dit**
nous **dîmes**
vous **dîtes**
ils/elles **dirent**

écrire
schreiben

j'**écrivis**
tu **écrivis**
il/elle/on **écrivit**
nous **écrivîmes**
vous **écrivîtes**
ils/elles **écrivirent**

faire
machen

je **fis**
tu **fis**
il/elle/on **fit**
nous **fîmes**
vous **fîtes**
ils/elles **firent**

mettre
setzen / stellen / legen

je **mis**
tu **mis**
il/elle/on **mit**
nous **mîmes**
vous **mîtes**
ils/elles **mirent**

prendre
nehmen

je **pris**
tu **pris**
il/elle/on **prit**
nous **prîmes**
vous **prîtes**
ils/elles **prirent**

voir
sehen

je **vis**
tu **vis**
il/elle/on **vit**
nous **vîmes**
vous **vîtes**
ils/elles **virent**

Die Verben venir und tenir enden auf -ins, -int usw..

venir
kommen

je **vins**
tu **vins**
il/elle/on **vint**
nous **vînmes**
vous **vîntes**
ils/elles **vinrent**

tenir
halten

je **tins**
tu **tins**
il/elle/on **tint**
nous **tînmes**
vous **tîntes**
ils/elles **tinrent**

Aussprache

Sprechen Sie in /în wie in bass**in** [ɛ̃] - auch vor dem m, bei nous vînmes und nous tînmes.

Die Zukunft

Die Bildung des futur composé oder futur proche

Das **Futur composé** drückt die **nahe Zukunft** aus.
Im Französischen wird es daher auch **futur proche** (nahe Zukunft) genannt.

aller im Präsens + Infinitiv des Hauptverbs

	aller gehen	**Infinitiv**
je	**vais**	**aller**
tu	**vas**	**voir**
il / elle / on	**va**	**danser**
nous	**allons**	**vivre**
vous	**allez**	**dormir**
ils / elles	**vont**	**voyager**

Achtung Liaison!
Sprechen Sie zwischen **nous** und **allons**, sowie zwischen **vous** und **allez** immer die Liaison (Verbindung) [z], z.B.:
Nous_allons manger.

Nach den **Endungen -s**, **-z** und **-t** des konjugierten Verbs **aller** kann man (aber muss nicht) vor einem Vokal oder stummen h eine Liaison (Verbindung) [z] oder [t] aussprechen, z.B.:
Tu vas avoir froid. / Tu vas_avoir froid.

Bientôt, il **va jouer.**
Bald, **wird** er spielen.

Die Bildung des Futurs I oder futur simple

Das **Futur I** oder **futur simple** ist **simpel**:
Es besteht aus einem Wort, während man für die deutsche Zukunft zwei Worte benötigt: Je **voyagerai**. Ich **werde reisen**.

Alle Verben bekommen die Endungen: **-rai**, **-ras**, **-ra**, **-rons**, **-rez**, **-ront**.

	chanter singen		**écrire** schreiben		**sentir** fühlen	
	Stamm	**Endung**	Stamm	**Endung**	Stamm	**Endung**
	chant sing	**er** en	**écri** schreib	**re** en	**sent** fühl	**ir** en
je	**chante**	**rai**	**écri**	**rai**	**senti**	**rai**
tu	**chante**	**ras**	**écri**	**ras**	**senti**	**ras**
il / elle / on	**chante**	**ra**	**écri**	**ra**	**senti**	**ra**
nous	**chante**	**rons**	**écri**	**rons**	**senti**	**rons**
vous	**chante**	**rez**	**écri**	**rez**	**senti**	**rez**
ils / elles	**chante**	**ront**	**écri**	**ront**	**senti**	**ront**

Abhängig von dem Infinitivende, bilden Sie das **futur simple** nach folgendem Muster:

regelmäßige Verben

Infinitiv **-er**	>	**je** Präsens**e**-	**rai** **ras** **ra** **rons** **rez** **ront**
Infinitiv **-re**	>	Infinitivstamm -(~~re~~)	
Infinitiv **-ir**	>	Infinitivstamm **i**-(~~r~~)	

Die Futur-Endungen ändern sich nicht.

Après, elles **joueront**.
Danach, **werden** sie spielen.

Verben auf **-er**

Bei den Verben auf **-er** hängen Sie die Futur-Endungen an die **1. Person Singular Präsens**.

Merken Sie sich: Das **Futur** endet immer auf **-erai**, **-eras** etc.

Infinitiv		1.Person Singular Präsens	
donner geben		**je donne**	
	futur simple	je **donne**	**rai**
acheter kaufen		**j'achète**	
	futur simple	tu **achète**	**ras**
jeter wegwerfen		**je jette**	
	futur simple	il **jette**	**ra**

Achtung Ausnahme! Bei den Verben auf **-é.rer** hängen Sie die Futur-Endungen an den **Infinitiv ohne** r, z.B.:

Infinitiv		Infinitiv ohne r	
espérer hoffen		**espére**	~~r~~
	futur simple	j' **espére**	**rai**

Verben auf **-re**

Bei den Verben auf **-re** hängen Sie die Futur-Endungen direkt an den **Infinitivstamm**.

Infinitiv		Infinitivstamm	
prendre nehmen		**prend**	~~re~~
	futur simple	je **prend**	**rai**
lire lesen		**li**	~~re~~
	futur simple	tu **li**	**ras**
boire trinken		**boi**	~~re~~
	futur simple	il **boi**	**ra**

Verben auf **-ir**

Bei den Verben auf **-ir** hängen Sie die Futur-Endungen an den **Infinitiv ohne r**.

Merken Sie sich: Das **Futur** endet immer auf **-irai**, **-iras** etc.

Infinitiv		Infinitiv ohne r	
choisir wählen		**choisi**	~~r~~
	futur simple	je **choisi**	**rai**
partir weggehen		**parti**	~~r~~
	futur simple	tu **parti**	**ras**
finir beenden		**fini**	~~r~~
	futur simple	il **fini**	**ra**

Unregelmäßige Verben

Bei den unregelmäßigen Verben **verändern sich die Stämme der Verben.**

Die regelmäßigen Futur-Endungen bleiben erhalten.

Verb	Deutsch	Futur
avoir	haben	j'**aurai**
être	sein	tu **seras**
aller	gehen	il **ira**
faire	machen	elle **fera**
mourir	sterben	ils **mourront**
courir	laufen	elle **courra**
pouvoir	können	tu **pourras**
voir	sehen	je **verrai**
envoyer	schicken	elle **enverra**
savoir	wissen	elle **saura**
falloir	müssen	il **faudra**
valoir	gelten / Wert sein	il **vaudra**
vouloir	wollen	nous **voudrons**
devoir	müssen	vous **devrez**
pleuvoir	regnen	il **pleuvra**
recevoir	empfangen / bekommen	tu **recevras**
venir	kommen	je **viendrai**
tenir	halten	tu **tiendras**

Die Bildung des Futur II oder futur antérieur

Das **Futur II** ist eine zusammengesetzte Zeit.

avoir/être im futur simple + Partizip Perfekt des Hauptverbs

	manger essen			**partir** weggehen	
	Hilfsverb im Futur I	**Partizip Perfekt**		**Hilfsverb im Futur I**	**Partizip Perfekt**
	avoir haben	**mangé** gegessen		**être** sein	**arrivé** angekommen
j'	**aurai**	**mangé**	je	**serai**	**parti(e)**
tu	**auras**	**mangé**	tu	**seras**	**parti(e)**
il / elle / on	**aura**	**mangé**	il / elle / on	**sera**	**parti(e)(s)**
nous	**aurons**	**mangé**	nous	**serons**	**partis(e)s**
vous	**aurez**	**mangé**	vous	**serez**	**partis(e)s**
ils / elles	**auront**	**mangé**	ils / elles	**seront**	**partis(e)s**

Nous **aurons joué**.
Wir werden gespielt haben.

Die Angleichung des Partizip Perfekts

Die Regeln zur **Angleichung** des **Partizip Perfekts** sind **die gleichen** wie bei **passé composé** und **Plusquamperfekt**:

Beim **Futur II** mit **avoir** > ist das **Partizip Perfekt** **unveränderlich.**

Nous **aurons réparé** les vélos.
Wir werden die Fahrräder repariert haben.

Steht dagegen ein **direktes Objekt** (Akkusativ) **vor** dem konjugierten **avoir** > dann **gleicht sich** das **Partizip Perfekt in Geschlecht und Zahl** an das **direkte Objekt** an.

Nous **les aurons réparés**.
Wir werden sie repariert haben.

Beim **Futur II** mit **être** > **gleicht sich** das **Partizip Perfekt in Geschlecht und Zahl** an das **Subjekt** an.

Barbara **sera arrivée**.
Barbara wird angekommen sein.

Barbara et Hugues **seront arrivés**.
Barbara und Hugues werden angekommen sein.

Das Konditional

Die Bildung des Konditional I oder conditionnel présent

Die Endungen des **Konditionals** sind die gleichen wie beim **imparfait**, mit einem **-r** davor: **-rais**, **-rais**, **-rait**, **-rions**, **-riez**, **-raient**.

	voyager reisen		**apprendre** lernen		**découvrir** entdecken	
Konditional I	Stamm	**Endung**	Stamm	**Endung**	Stamm	**Endung**
	voyag reis	**er** en	apprend lern	**re** en	découvr entdeck	**ir** en
je	voyage	**rais**	apprend	**rais**	découvri	**rais**
tu	voyage	**rais**	apprend	**rais**	découvri	**rais**
il / elle / on	voyage	**rait**	apprend	**rait**	découvri	**rait**
nous	voyage	**rions**	apprend	**rions**	découvri	**rions**
vous	voyage	**riez**	apprend	**riez**	découvri	**riez**
ils / elles	voyage	**raient**	apprend	**raient**	découvri	**raient**

Abhängig vom Infinitivende, bilden Sie das **Konditional** nach folgendem Muster:

regelmäßige Verben

Infinitiv -er ›	**je Präsense-**	**rais** **rais** **rait** **rions** **reiz** **raient**
Infinitiv -re ›	**Infinitivstamm -(~~re~~)**	
Infinitiv -ir ›	**Infinitivstamm i-(~~r~~)**	

Es gibt keine Änderung bei den Endungen.

J'aimerais partir en vacances.
Ich würde gerne in Urlaub fahren.

Si Wenn	je **pouvais**, elles **joueraient**. ich **könnte**, **würden** sie **spielen**.

Verben auf -er

Bei den Verben auf **-er** hängen Sie die Konditionalendungen an die **1. Person Singular Präsens**.

Merken Sie sich: Das **Futur** endet immer auf **-erais** etc.

Infinitiv	1.Person Singular Präsens		
donner geben		**je donne**	
	Konditional I	je **donne**	**rais**
acheter kaufen		**j'achète**	
	Konditional I	tu **achète**	**rais**
jeter wegwerfen		**je jette**	
	Konditional I	il **jette**	**rait**

Achtung Ausnahme! Bei den Verben auf **-é.rer** hängen Sie die Konditionalendungen an den **Infinitiv ohne r**, z.B.:

Infinitiv	Infinitiv ohne r		
espérer hoffen		**espére**	~~r~~
	Konditional I	j' **espére**	**rais**

Infinitiv	Infinitivstamm		
prendre nehmen		**prend**	~~re~~
	Konditional I	je **prend**	**rais**
lire lesen		**li**	~~re~~
	Konditional I	tu **li**	**rais**
boire trinken		**boi**	~~re~~
	Konditional I	il **boi**	**rait**

Verben auf -re

Bei den Verben auf **-re** hängen Sie die Futur-Endungen direkt an den **Infinitivstamm**.

Verben auf -ir

Bei den Verben auf **-ir** hängen Sie die Futur-Endungen an den **Infinitiv ohne r**.

Merken Sie sich: Das **Konditional** endet immer auf **-irais** etc.

Infinitiv	Infinitiv ohne r		
choisir wählen		**choisi**	~~r~~
	Konditional I	je **choisi**	**rais**
partir weggehen		**parti**	~~r~~
	Konditional I	tu **parti**	**rais**
finir beenden		**fini**	~~r~~
	Konditional I	il **fini**	**rait**

Unregelmäßige Formen

Die Stammänderungen des **Konditionals** sind **die gleichen wie die des Futurs**.

Bei den unregelmäßigen Verben **verändern sich die Stämme der Verben.**

Die regelmäßigen Endungen des Konditionals bleiben erhalten.

avoir	haben	j'**au**rais
être	sein	tu **se**rais
aller	gehen	il **i**rait
faire	machen	elle **fe**rait
mourir	sterben	ils **mour**raient
courir	laufen	elle **cour**rait
pouvoir	können	tu **pour**rais
voir	sehen	je **ver**rais
envoyer	schicken	elle **enver**rait

savoir wissen	**falloir** müssen	**valoir** gelten / Wert sein	**vouloir** wollen
nous **saurions**	il **faudrait**	il **vaudrait**	elle **voudrait**

devoir müssen	**pleuvoir** regnen	**recevoir** empfangen / bekommen
vous **devriez**	il **pleuvrait**	tu **recevrais**

venir kommen	**tenir** halten
je **viendrais**	tu **tiendrais**

Die Bildung des Konditionals II

Das **Konditional II** ist eine zusammengesetzte Zeit.

avoir/être im Konditional I + Partizip Perfekt des Hauptverbs

	dire sagen			**aller** gehen	
	Hilfsverb im **Konditional I**	**Partizip Perfekt**		**Hilfsverb** im **Konditional I**	**Partizip Perfekt**
	avoir haben	**dit** gesagt		**être** sein	**allé** gegangen
j'	**aurais**	**dit**	je	**serais**	**allé(e)**
tu	**aurais**	**dit**	tu	**serais**	**allé(e)**
il / elle / on	**aurait**	**dit**	il / elle / on	**serait**	**allé(e)(s)**
nous	**aurions**	**dit**	nous	**serions**	**allés(e)s**
vous	**auriez**	**dit**	vous	**seriez**	**allés(e)s**
ils / elles	**auraient**	**dit**	ils / elles	**seraient**	**allés(e)s**

Il aurait voulu devenir artiste.
Er wäre gern Künstler geworden.

Die Angleichung des Partizip Perfekts

Die Regeln zur **Angleichung** des **Partizip Perfekts** sind **die gleichen** wie bei den **Passé composé**, **Plusquamperfekt** und **Futur II**

Beim **Konditional II** mit **avoir** > bleibt das **Partizip Perfekt unveränderlich**.

Si j'avais su, j'**aurais invité** des amis.
Wenn ich das gewusst hätte, hätte ich Freunde eingeladen.

Steht dagegen ein **direktes Objekt** (Akkusativ) **vor** dem konjugierten **avoir** > dann **gleicht sich** das **Partizip Perfekt in Geschlecht und Zahl** an das **direkte Objekt** an.

Je **les aurais invités**.
Ich hätte sie eingeladen.

Beim **Konditional II** mit **être** > **gleicht sich** das **Partizip Perfekt in Geschlecht und Zahl** an das **Subjekt** an.

Valérie **se serait amusée**.
Valérie hätte sich amüsiert / Spaß daran gehabt.

Valérie et Frank **se seraient amusés**.
Valérie und Frank hätten sich amüsiert / Spaß daran gehabt.

Die Bildung des Partizip Perfekt oder participe passé

Das **Partizip Perfekt** (**participe passé**) wird mit einem **Hilfsverb** (**avoir** haben oder **être** sein) zusammengesetzt, um folgenden Zeiten zu bilden:

Zeiten	Hilfsverb steht dann im
passé composé	Präsens
Plusquamperfekt	imparfait
Futur II	Futur I
Konditional II	Konditional I
subjonctif passé	subjonctif

Regelmäßige Partizipien

Verben auf -er

Bei den Verben auf **-er** ersetzen Sie die Endung des Infinitivs **-er**, mit **-é**.

Infinitiv **-er** > **é**

rêver träumen	Infinitiv	**rêv** ~~er~~
	Partizip Perfekt	rêv **é**

Verben auf -ir

Bei den Verben auf **-ir** ersetzen Sie die Endung des Infinitivs **-ir**, mit **-i**.

Infinitiv **-ir** > Infinitiv **-i**

dormir schlafen	Infinitiv	**dorm** ~~ir~~
	Partizip Perfekt	dorm **i**

Verben auf -re

Bei den Verben auf **-re** ersetzen Sie die Endung des Infinitivs **-re**, mit **-u**.

Infinitiv **-re** > Infinitiv **-u**

attendre warten	Infinitiv	**attend** ~~re~~
	Partizip Perfekt	attend **u**

Die wichtigsten **unregelmäßigen Partizipien**

27 der 30 unregelmäßigen Verben im **Partizip Perfekt** sind **die gleichen wie im Präsens**.

avoir	**être**	**faire**	**naître**
eu	été	fait	né
pouvoir	**devoir**	**savoir**	**voir**
pu	dû	su	vu
vouloir	**valoir**	**falloir**	**recevoir**
voulu	valu	fallu	reçu
pleuvoir	**plaire**	**boire**	**croire**
plu	plu	bu	cru
connaître	**lire**	**vivre**	**résoudre**
connu	lu	vécu	résolu
courir	**ouvrir**	**mourir**	
couru	ouvert	mort	
rire	**suivre**	**prendre**	**mettre**
ri	suivi	pris	mis
dire	**écrire**	**conduire**	**craindre**
dit	écrit	conduit	craint

Die Bildung des Partizip Präsens oder participe présent

Das **Partizip Präsens** (**participe présent**)
ist sehr leicht zu bilden und kennt kaum Unregelmäßigkeiten.

Die Endung ist **-ant**.
Sie wird an den Stamm der 1. Person Plural (**nous** / wir) Präsens angehängt.

Abgeleitet von nous Präsens	+ -ant

Sprechen Sie [ɑ̃] wie in Restaur**an**t.

So bilden Sie das **Partizip Präsens** (Beispiele):

Infinitiv	1. Person Plural Präsens			Partizip Präsens
parler	nous	**parl**	ons	**parlant**
prendre	nous	**pren**	ons	**prenant**
aller	nous	**all**	ons	**allant**
dormir	nous	**dorm**	ons	**dormant**
finir	nous	**finiss**	ons	**finissant**
faire	nous	**fais**	ons	**faisant**

Die einzigen **unregelmäßigen Formen** sind:

infinitiv	Partizip Präsens
avoir	**ayant**
être	**étant**
savoir	**sachant**

Die Bildung des Gerundiums oder gérondif

Das Gerundium besteht aus: **Präposition en** + **Partizip Präsens -ant**

und lässt sich mit allen Zeiten kombinieren. Dabei kann man es im Deutschen nicht immer direkt übersetzen, sondern muss andere Wendungen wählen.

Präsens	Il **se douche** **en siffl<u>ant</u>**. Er duscht sich leise **pfeifend**.
imparfait	Elle l'**attendait** **en rêvant**. **Träumend** wartete sie auf ihn.
passé composé	Il **est arrivé** **en souriant**. Er ist **lächelnd** angekommen.
Plusquamperfekt	Ils **s'étaient rencontrés** **en travaillant**. Sie hatten sich bei der Arbeit getroffen (**arbeitend**).
passé simple	Ils **vécurent** ensemble **en s'aimant**. Sie lebten zusammen und liebten sich (**sich liebend**).
futur composé	Ils **vont rire** **en mangeant**. Sie werden **beim Essen** lachen.
Futur I	Ils **seront** **heureux** **en voyageant**. Sie werden glücklich sein auf Reisen (**beim Reisen**).
Futur II	Ils **se seront embrassé** **en dansant**. Sie werden sich **beim Tanzen** geküsst haben.

Die Bildung des Imperativs oder impératif

Der **Imperativ** erteilt Befehle oder Aufforderungen.
Mit s'il te plaît /s'il vous plaît werden es Bitten.

Der Imperativ wird wie das Präsens gebildet, lediglich die Du-Form entspricht der 1 Pers. Singular (**je**).

Infinitiv	Imperativ		
	Imperativ Singular	Wir-Form	Ihr-Form Sie-Form
parler	parle	parlons	parlez
descendre	descends	descendons	descendez
dormir	dors	dormons	dormez
choisir	choisis	choisissons	choisissez
faire	fais	faisons	faites

Es gibt nur **wenige unregelmäßige Formen:**

Infinitiv	Imperativ		
	Imperativ Singular	Wir-Form	Ihr-Form Sie-Form
aller	va	allons	allez
vouloir	veuille	voulons	veuillez
avoir	aie	ayons	ayez
être	sois	soyons	soyez
savoir	sache	sachons	sachez

Folgt das Pronomen **en** oder **y** auf einen Imperativ, der auf Vokal endet, hängt man zur besseren Aussprache ein -s an den Imperativ:

Vas-y ! Geh hin!/Los geht's!
Parles-en à Isabelle ! Sprich darüber mit Isabelle.

Der **Imperativ Singular** richtet sich an eine Person, die man duzt.

Dors bien mon lapin !
Schlaf gut mein Häschen!

Bei Reflexive Verben im **Imperativ Singular** wird das **Reflexivpronomen** zu **toi**.

réveille-toi
wach auf

lève-toi
steh auf

habille-toi
zieh dich an

brosse-toi les dents
putze dir die Zähne

Imperativ Singular = **je Präsens** **-toi**

Wir-Form (nous) = **nous Präsens**

Der **Imperativ in Wir-Form** richtet sich an eine Gruppe, der man selbst angehört.

Dépêchons-nous !
Beeilen wir uns!

Faisons vite !
Machen wir schnell!

Der **Imperativ in Ihr- und Sie-Form** richtet sich entweder an eine Person, die man siezt, oder an eine Gruppe (die man duzt oder siezt).

Asseyez-vous Madame s'il vous plaît.
Setzen Sie sich bitte Madame.

Amusez-vous bien mes chéries.
Amüsiert euch gut meine Lieben.

Ihr-Form Sie-Form (vous) = **vous Präsens**

-moi

Im **Imperativ** wird das **direkte Objektpronomen der 1. Person zu moi** z.B.:

Donnez-moi du temps s'il vous plait !
Geben Sie mir bitte Zeit!

Die Bildung des subjonctif

Den subjonctif gibt es im Deutschen nicht. Er folgt automatisch nach bestimmten Ausdrücken mit **que**. (Mehr dazu im Kapitel zur Anwendung.)
Die **Endungen** des subjonctif sind **regelmäßig**
und gelten für **sämtliche regelmäßige und unregelmäßige Verben**.
Die Unregelmäßigkeiten bei den Stämmen sind die gleichen wie im Präsens.

Wann? **que** › subjonctif

Die Endungen des subjonctif sind in allen drei Verbgruppen:
-e, **-es**, **-e**, **-ions**, **-iez**, **-ent**.

attendre warten

		Stamm	**Endung**
		attend	**re**
		wart	en
Il veut que	j'	attend	**e**
Il veut que	tu	attend	**es**
Il veut qu'	il / elle / on	attend	**e**
Il veut que	nous	attend	**ions**
Il veut que	vous	attend	**iez**
Il veut qu'	ils / elles	attend	**ent**

Leicht gelernt!
Die Endungen der 1., 2., 3. Person Singular und der 3. Person Plural sind mit den Präsensendungen der Verben auf -er identisch. Die Endungen der 1. und 2. Person Plural entsprechen den Endungen des imparfait.

Die Ableitung des subjonctif

Bei den meisten Verben, regelmäßig und unregelmäßig, werden die Endungen an den Stamm der **3. Person Plural Präsens** angehängt:

Infinitiv	3. Person Plural Präsens			subjonctif	
parler	ils	**parl**	ent	que je	**parl**e
mettre	ils	**mett**	ent	que tu	**mett**es
partir	ils	**part**	ent	qu'il	**part**e
finir	ils	**finiss**	ent	qu'elle	**finiss**e
dire	ils	**dis**	ent	qu'on	**dis**e
connaître	ils	**connaiss**	ent	que nous	**connaiss**ions
plaire	ils	**plais**	ent	que vous	**plais**iez
vivre	ils	**viv**	ent	qu'ils	**viv**ent
écrire	ils	**écriv**	ent	qu'elles	**écriv**ent

Elle a peur qu'il **tombe**.
Sie hat Angst, dass er herunterfällt.

Die Unregelmäßigkeiten im subjonctif

Die Unterschiede zwischen stamm- und endungsbetonten Formen, die Sie aus dem **Präsens** kennen für die Verben auf **-ayer**, **-oyer**, **-uyer**, werden **im subjonctif einfach übernommen**.

-y > -i
in der 1., 2. und 3. Person Singular und in der 3. Person Plural.

	Stamm	**Endung**	Stamm	**Endung**	Stamm	**Endung**
	pay bezahl	**er** en	nettoy putz	**er** en	essuy abtrockn	**er** en
que je	pai	**e**	nettoi	**e**	essui	**e**
que tu	pai	**es**	nettoi	**es**	essui	**es**
qu'il / elle / on	pai	**e**	nettoi	**e**	essui	**e**
que nous	pay	**ions**	nettoy	**ions**	essuy	**ions**
que vous	pay	**iez**	nettoy	**iez**	essuy	**iez**
qu'ils/ elles	pai	**ent**	nettoi	**ent**	essui	**ent**

Die Unregelmäßigkeiten im subjonctif

Das Gleiche gilt auch für die Verben, die auf -e (oder é) + Konsonant + er enden, z.B. acheter, préférer, jeter und appeler:
Die Unregelmäßigkeiten des **Präsens**
werden **im subjonctif einfach übernommen**.

-e/-é > -è bzw. **-t-/-l- > -tt-/-ll-**
in der 1., 2. und 3. Person Singular und in der 3. Person Plural.

	Stamm	Endung	Stamm	Endung	Stamm	Endung
	achet kauf	**er** en	préfér vorzieh	**er** en	jet (weg)werf	**er** en
que j'	achèt	**e**	préfèr	**e**	jett	**e**
que tu	achèt	**es**	préfèr	**es**	jett	**es**
qu'il / elle / on	achèt	**e**	préfèr	**e**	jett	**e**
que nous	achet	**ions**	préfér	**ions**	jet	**ions**
que vous	achet	**iez**	préfér	**iez**	jet	**iez**
qu'ils/ elles	achèt	**ent**	préfèr	**ent**	jett	**ent**

Bei den Verben, die **im Präsens eine Stammänderung in der 1. und 2. Person Plural** (**nous** wir und **vous** ihr/Ihr Sie) haben, wird diese **Stammänderung auch im subjonctif erhalten**.

Verben auf -oir und einige Verben auf -ir -re	Zu dieser Verbgruppe gehören:	
		acquérir erwerben
		mourir sterben
		tenir halten
		venir kommen
		décevoir enttäuschen
		devoir müssen/ schulden
		recevoir empfangen/ erhalten
		voir sehen
		boire trinken
		croire glauben

Tipp: Am besten lernen Sie bei jedem Verb, das auf **-ir**, **-re**, **-oir**, endet, ob es sich um ein Verb mit oder ohne Stammerweiterung handelt (es gibt keine Regel).

	Stamm prend nehm	**Endung** **re** en	Abgeleitet von der Präsensform
que je	prenn	e	< ils prennent
que tu	prenn	es	< ils prennent
qu'il / elle / on	prenn	e	< ils prennent
que nous	**pren**	ions	**< nous prenons**
que vous	**pren**	iez	**< vous prenez**
qu'ils / elles	prenn	ent	< ils prennent

Einige wenige Verben sind unregelmäßig im subjonctif:

avoir	être	aller
que j'**aie**	que je **sois**	que j'**aille**
que tu **aies**	que tu **sois**	que tu **ailles**
qu'il/elle/on **ait**	qu'il/elle/on **soit**	qu'il/elle/on **aille**
que nous **ayons**	que nous **soyons**	que nous **allions**
que vous **ayez**	que vous **soyez**	que vous **alliez**
qu'ils/elles **aient**	qu'ils/elles **soient**	qu'ils/elles **aillent**

faire	falloir	pleuvoir
que je **fasse**	-	-
que tu **fasses**	-	-
qu'il/elle/on **fasse**	qu'il **faille**	qu'il **pleuve**
que nous **fassions**	-	-
que vous **fassiez**	-	-
qu'ils/elles **fassent**	-	-

pouvoir	savoir	vouloir
que je **puisse**	que je **sache**	que je **veuille**
que tu **puisses**	que tu **saches**	que tu **veuilles**
qu'il/elle/on **puisse**	qu'il/elle/on **sache**	qu'il/elle/on **veuille**
que nous **puissions**	que nous **sachions**	que nous **voulions**
que vous **puissiez**	que vous **sachiez**	que vous **vouliez**
qu'ils/elles **puissent**	qu'ils/elles **sachent**	qu'ils/elles **veuillent**

Die Bildung des subjonctif passé

+ Zusammengesetzte Zeit

subjonctif passé
mit
avoir haben

	travailler arbeiten	
	Hilfsverb im **subjonctif**	**Partizip Perfekt**
	avoir haben	**travaillé** gearbeitet
que j'	**aie**	**travaillé**
que tu	**aies**	**travaillé**
qu'il / elle / on	**ait**	**travaillé**
que nous	**ayons**	**travaillé**
que vous	**ayez**	**travaillé**
qu'ils / elles	**aient**	**travaillé**

Die **Angleichung** des **Partizip Perfekts** ist **die gleiche** wie beim **passé composé**.

Beim **subjonctif passé** mit **avoir** > bleibt das **Partizip Perfekt** **unveränderlich.**

C'est dommage qu'elle **ait mangé** ces fruits.
Es ist schade, dass sie diese Früchte **gegessen** hat.

Steht dagegen ein **direktes Objekt** (Akkusativ) **vor** dem konjugierten **avoir** > dann **gleicht sich** das **Partizip Perfekt** **in Geschlecht und Zahl** an das **direkte Objekt** an.

C'est dommage qu'elle **les** **ait mangés**.
Es ist schade, dass sie **sie** **gegessen** hat.

subjonctif passé
mit
être sein

sortir ausgehen		
	Hilfsverb im subjonctif	**Partizip Perfekt**
	être sein	**sorti** gesehen
que je	**sois**	**sorti(e)**
que tu	**sois**	**sorti(e)**
qu'il / elle / on	**sois**	**sorti(e)(s)**
que nous	**soyons**	**sortis(e)s**
que vous	**soyez**	**sortis(e)s**
qu'ils / elles	**soient**	**sortis(e)s**

Die **Angleichung** des **Partizip Perfekts** ist **die gleiche** wie beim **passé composé**.

Beim **subjonctif passé** mit **être** gleicht sich das **Partizip Perfekt in Geschlecht und Zahl** an das **Subjekt** an.

C'est dommage ... qu'elle **soit tombée** malade.
Es ist schade, dass sie krank **geworden** ist.

C'est dommage ... que Léon et Léa **soient tombés** malades.
..., dass Léon und Léa krank **geworden** sind.

Die Bildung des Passivs oder passif

Das **Passiv (le passif)**
bildet man mit dem Verb **être** sein
+
dem **Partizip Perfekt** des jeweiligenVerbs
z.B.
Je **suis interrogé.** Ich **werde abgefragt**.

interroger abfragen

Passiv (immer mit **être**)	**Hilfsverb** im **Präsens**	**Partizip Perfekt**
	être sein	**interrogé** abgefragt
je	**suis**	**interrogé(e)**
tu	**es**	**interrogé(e)**
il / elle / on	**est**	**interrogé(e)(s)**
nous	**sommes**	**interrogé(e)s**
vous	**êtes**	**interrogé(e)s**
ils / elles	**sont**	**interrogé(e)s**

Auch hier ist die **Angleichung** des **Partizip Perfekts** **die gleiche** wie bei allen zusammengesetzten Zeiten.

Beim **Passiv** > **gleicht sich** das **Partizip Perfekt** **in Geschlecht und Zahl** an das **Subjekt** an.

La fête est **annulée.**
Das Fest wird abgesagt.

Das Passiv kann jeweils in allen Zeiten und Modi gebildet werden.

Das Verb **être** sein in der jeweiligen Zeit/Modus

+

das **Partizip Perfekt** des Hauptverbs.

Alle Zeiten im Passiv				
+	Il	**était**	**interrogé**	**imparfait**
+	Il	**a été**	**interrogé**	**passé composé**
+	Il	**avait été**	**interrogé**	**plus-que-parfait**
+	Il	**fut**	**interrogé**	**passé simple**
+	Il	**va être**	**interrogé**	**futur proche**
+	Il	**sera**	**interrogé**	**futur simple**
+	Il	**aura été**	**interrogé**	**futur antérieur**
+	Il	**serait**	**interrogé**	**conditionnel présent**
+	Il	**aurait été**	**interrogé**	**conditionnel passé**
+	il faut qu'il	**soit**	**interrogé**	**subjonctif**
+	il faudrait qu'il	**ait été**	**interrogé**	**subjonctif passé**

Mit der Präposition **par** wird der Urheber der Handlung angegeben.

Passiv **par** **Urheber der Handlung**

Elle **a été interrogée** **par** la maîtresse.

Sie wurde **von** der Lehrerin abgefragt.

9 Zeiten und Modi

Welche Zeiten und Modi gibt es im Französischen?

Wann verwende ich **welche**?

Worauf muss ich besonders achten?

Indikativ

‹ Vergangenheit —— Präsens —— Zukunft ›

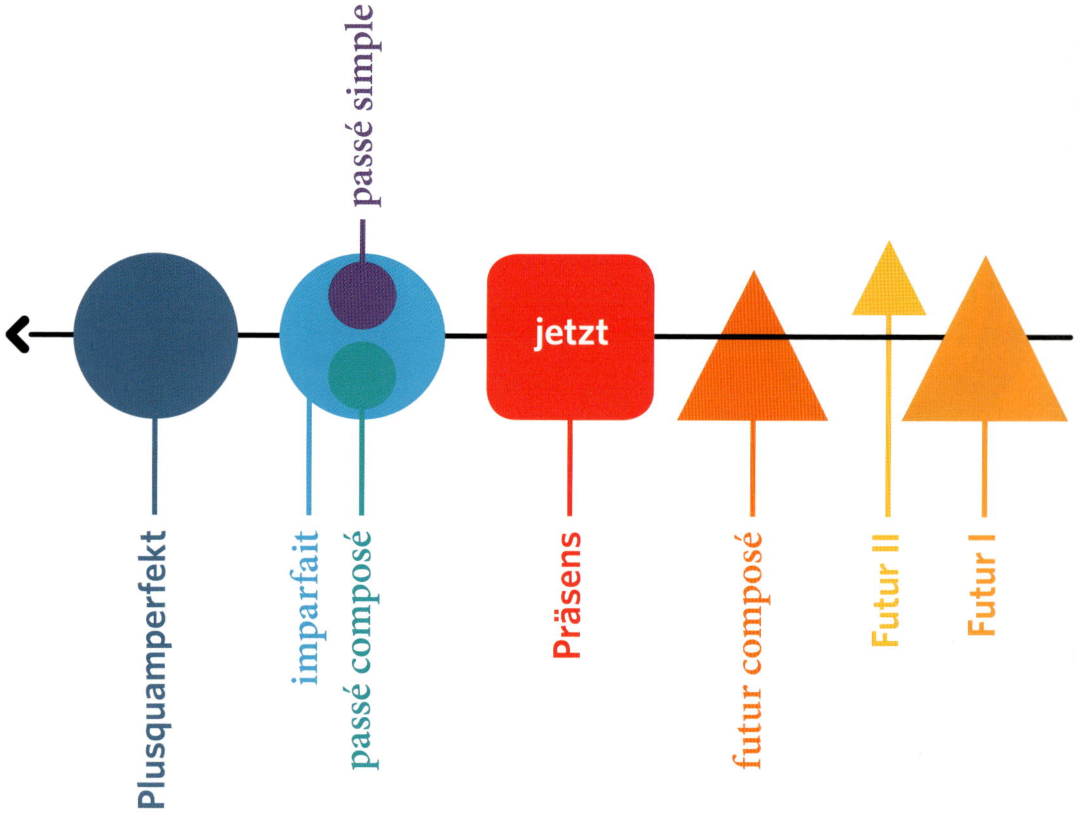

Konditional

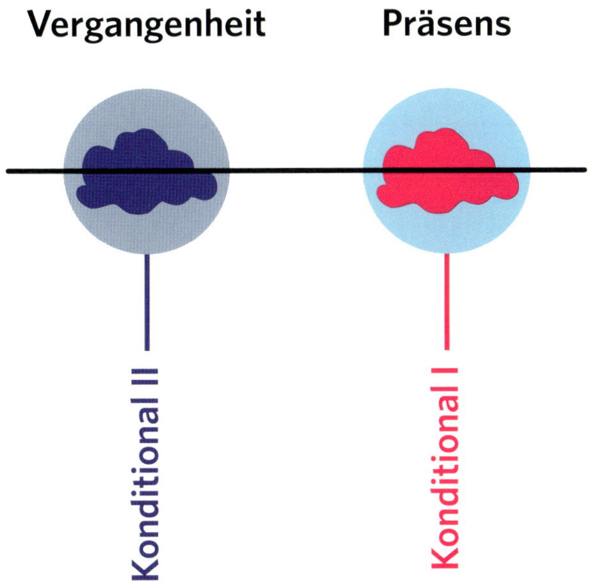

subjonctif

Auslöser:

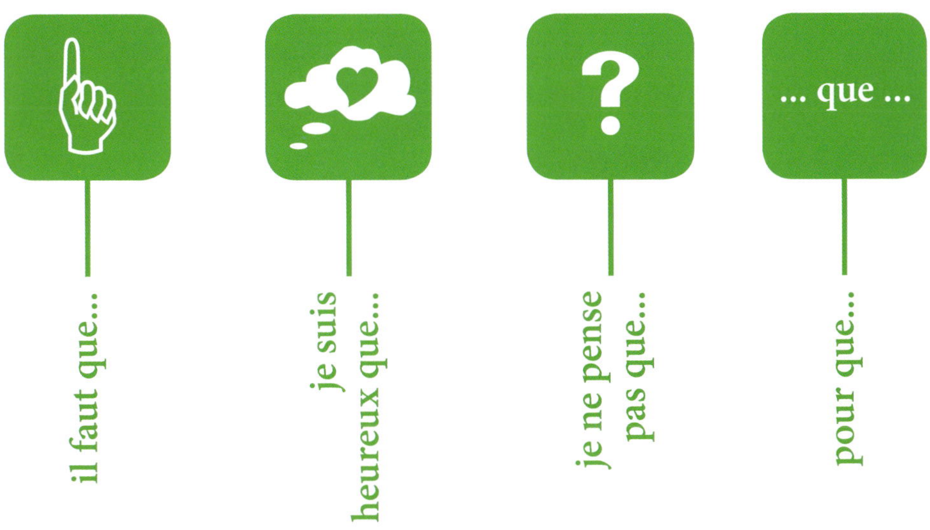

Der Gebrauch der Zeiten

Der Gebrauch des Präsens

Vergangenheit

Zukunft

Präsens

Das **Präsens** ist eine Zeit der Gegenwart.

Es wird benutzt für: **Vorgänge** oder **Zustände**

Il **roule** en voiture
Er **fährt** Auto.

Il **a** une voiture rouge.
Er **hat** ein rotes Auto.

Il ne **sait** pas tourner.
Er **kann** nicht lenken.

Wiederholungen und Gewohnheiten

Tous les jours,
je me **lève** à 5 heures.
Ich **stehe** jeden Tag um 5 Uhr **auf**.

Je ne **prends** jamais de petit déjeuner.
Ich **frühstücke** nie.

allgemeingültige Dinge

La vie **est** pleine de surprises.
Das Leben **ist** voller Überraschungen.

Der Gebrauch des **imparfait**

Vergangenheit

Hintergrund: imparfait

Das **imparfait** ist eine Zeit der Vergangenheit.
Es wird benutzt um Hintergrundinformationen zu geben über:

Vorgänge oder **Zustände**

Il **était** une fois une princesse.
Es **war** ein Mal eine Prinzessin.

Elle **vivait** dans un château avec ses parents.
Sie **lebte** in einem Schloss mit ihren Eltern.

Gewohnheiten

Elle **était** toujours sage et ne se **promenait** jamais seule.
Sie **war** immer brav und **ging** nie alleine **spazieren**.

Der Gebrauch des passé composé

Vergangenheit

Hintergrund: **imparfait**

Ereignis: **passé composé**

Das **passé composé** ist auch eine Zeit der Vergangenheit.
Es wird benutzt um Vordergrundinformationen zu geben über:

einmalige Handlungen und Ereignisse

Un jour, ses parents **sont sortis** et elle **a visité** le château.
Eines Tages **gingen** ihre Eltern **aus** und sie **besichtigte** das Schloss.

aufeinanderfolgende Handlungen (so genannte Handlungsketten)

Elle s'**est piqué** le doigt, **a crié**, **est tombée** et s'**est endormie**.
Sie **stach** sich in den Finger, **schrie**, **fiel hin** und **schlief ein**.

Der Gebrauch des Plusquamperfekts

Das **Plusquamperfekt** ist auch eine Zeit der Vergangenheit.
Es liegt vor den anderen Zeiten der Vergangenheit.

Es bezeichnet :

Ereignisse oder **Zustände** **vor** **anderen, die in der Vergangenheit bereits abgeschlossen waren.**

z.B. zusammen mit dem **passé composé**

Quand elle s'**est endormie**,
le prince n'**était** pas encore **né**.
Als sie **einschlief**, **war** der Prinz noch nicht **geboren**.

oder dem **imparfait**

Pendant qu'elle **dormait**,
le monde **avait changé**.
Während sie **schlief**, **hatte sich** die Welt **verändert**.

Der Gebrauch des passé simple

Diese Zeit existiert in der deutschen Sprache nicht.

Das **passé simple** ist auch eine Zeit der Vergangenheit.
Es wird fast nur in der literarischen Sprache benutzt.

Es steht in den gleichen Fällen, in denen sonst das **passé composé** stehen würde.

Das passé simple wird in der modernen Sprache nur in Romanen, Geschichtsbüchern oder Zeitungsartikeln verwendet. Daher müssen Sie es nur erkennen und passiv verstehen können.

einmalige Handlungen und Ereignisse

Soudain le prince **arriva**.
Plötzlich **kam** der Prinz **an**.

aufeinanderfolgende Handlungen

Il **entra**, la **vit**, l'**embrassa** et elle se **réveilla**.
Er **trat ein**, **sah** sie, **küsste** sie und sie **wachte auf**.

Der Gebrauch des futur composé und des futur simple

Das **futur composé** wird für die nahe Zukunft benutzt.

Es wird sehr oft gebraucht und bezeichnet die:

nahe Zukunft

Maintenant, je **vais laver** les carreaux.
Jetzt **werde** ich die Fenster **putzen**.

Das **futur simple** oder **futur I** wird für die (weitere) Zukunft benutzt.

Es bezeichnet: **künftige Ereignisse**

Quand je **serai** grande, je **serai** fée.
Wenn ich groß sein **werde**, **werde** ich Fee.

und steht: **im Hauptsatz eines realen Bedingungssatzes**

Si tu réussis ton bac, tu **feras** des études.
Wenn du dein Abi bestehst, **wirst** du studieren.

In der Regel wird in der geschriebenen Sprache das futur simple verwendet. In der gesprochenen Sprache begegnet man beiden: futur composé und futur simple.

Der Gebrauch des Futur II oder futur antérieur

Das **Futur II** bezeichnet eine Handlung in der Zukunft, die **vor** einem anderen Ereignis in der Zukunft **bereits abgeschlossen** wird.

Vergangenheit in der Zukunft

Demain, je me reposerai quand j'**aurai terminé** mon travail.
Morgen werde ich mich ausruhen, wenn ich mit meiner Arbeit **fertig sein werde**.

Der Gebrauch des Konditionals I

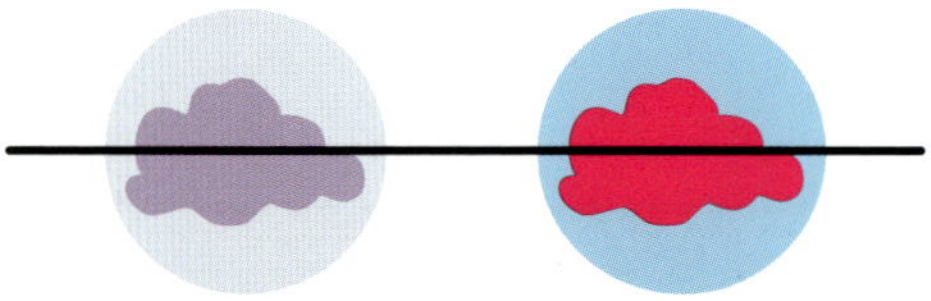

Das **Konditional I** wird benutzt für:

Bitten

Pourriez-vous m'aider s'il vous plait ?
Könnten Sie mir bitte helfen?

Wünsche

Elle **voudrait** avoir un chat.
Sie **hätte gern** eine Katze.

Ratschläge

À votre place, j'**achèterais** une voiture.
An Ihrer Stelle **würde** ich ein Auto **kaufen**.

Möglichkeiten

On **pourrait** faire un pique-nique, non ?
Wir **könnten** ein Picknick machen, oder?

Vermutungen

Apparemment, Morgat **serait** à cent kilomètres d'ici.
Morgat **müsste anscheinend** 100 km von hier entfernt sein.

Das **Konditional I**
wird **nach einem irrealen Hauptsatz in der Gegenwart** benutzt

Irreale Gegenwart

si + irrealer Satz im Imparfait > Hauptsatz: Konditional I

Si tu **étais** une fée, Wenn Du eine Fee **wärest**,	nous n'**aurions** plus d'embouteillage. **hätten** wir keine Staus mehr.

Achtung!
Der Bedingungssatz wird mit dem **imparfait** gebildet (im Deutschen dagegen mit dem **Konditional I**).

Der Gebrauch des Konditionals II

Das **Konditional II** wird **nach einem irrealen Hauptsatz in der Vergangenheit** benutzt:

Irreale Vergangenheit

si + irrealer Satz im Plusquamperfekt > Hauptsatz: Konditional II

Si j'**avais eu** des ailes, Wenn ich Flügel **gehabt hätte**,	j'**aurais fait** le tour du monde. **hätte** ich eine Weltreise **gemacht**.

Achtung!
Der Bedingungssatz wird im Französischen mit dem **Plusquamperfekt** gebildet (im Deutschen dagegen mit dem **Konditional II**).

Der Gebrauch des Partizip Präsens

Das **Partizip Präsens** wird
hauptsächlich in der Schriftsprache verwendet in:

Partizip Präsens

Relativsätzen:
Elle regarde un film **racontant** la vie d'un éléphant.
Sie sieht sich einen Film an, der das Leben eines Elefanten erzählt.

Kausalsätzen:
Partant tôt, je suis arrivé à l'heure.
Da ich früh losgefahren bin, bin ich rechtzeitig angekommen.

In der **mündlichen Sprache** wird es oft ersetzt:

durch einen **Relativsatz mit qui**

Elle regarde un film **qui raconte** la vie d'un éléphant.
Sie sieht einen Film, **der** das Leben eines Elefanten **erzählt**.

oder durch einen **Kausalsatz mit comme**

Comme je suis parti tôt, je suis arrivé à l'heure.
Da ich früh **losgefahren bin**, bin ich rechtzeitig angekommen.

Der Gebrauch des Gerundiums

Das **Gerundium** ist eine **praktische Verkürzung** für Sätze, die man oft auch anders ausdrücken kann.

Art und Weise

Aufgepasst!
Ein Gerundium im **Nebensatz** hat immer **dasselbe Subjekt** wie das, des **Hauptsatzes**:

Subjekt

Il va au bureau **en dansant**.
Er geht **tanzend** ins Büro.

Gleichzeitigkeit

Il mange **en téléphonant**.
Er isst **beim Telefonieren**.

Bei Gleichzeitigkeit kann das Gerundium ersetzt werden durch:
pendant que + Nebensatz

Il mange **pendant qu**'il téléphone.
Er isst, **während** er telefoniert

Folge / Auswirkung

En regardant la télé, il ne peut pas lire.
Beim Fernsehen kann er nicht lesen.

Das Gerundium kann in diesem Fall ersetzt werden durch:
si / quand + Nebensatz

S'il regarde la télé, il ne peut pas lire.
Wenn er fernsieht, kann er nicht lesen.

Es lässt sich mit allen Zeiten verbinden:

En regardant la télé, il ne peut / pourrra /pourrait pas lire.
Beim Fernsehen, kann er / wird er / würde er nicht lesen können.

Der Gebrauch des subjonctif

Aufgepasst!
Der französische **subjonctif** darf nicht mit dem deutschen Konjunktiv im Gebrauch gleichgesetzt werden.

Das **subjonctif** folgt automatisch nach **bestimmten Verben und Wendungen mit que.**

Die so genannten **Auslöser des subjonctif** kann man in **4 Kategorien** aufteilen:

Die Auslöser des **subjonctifs**

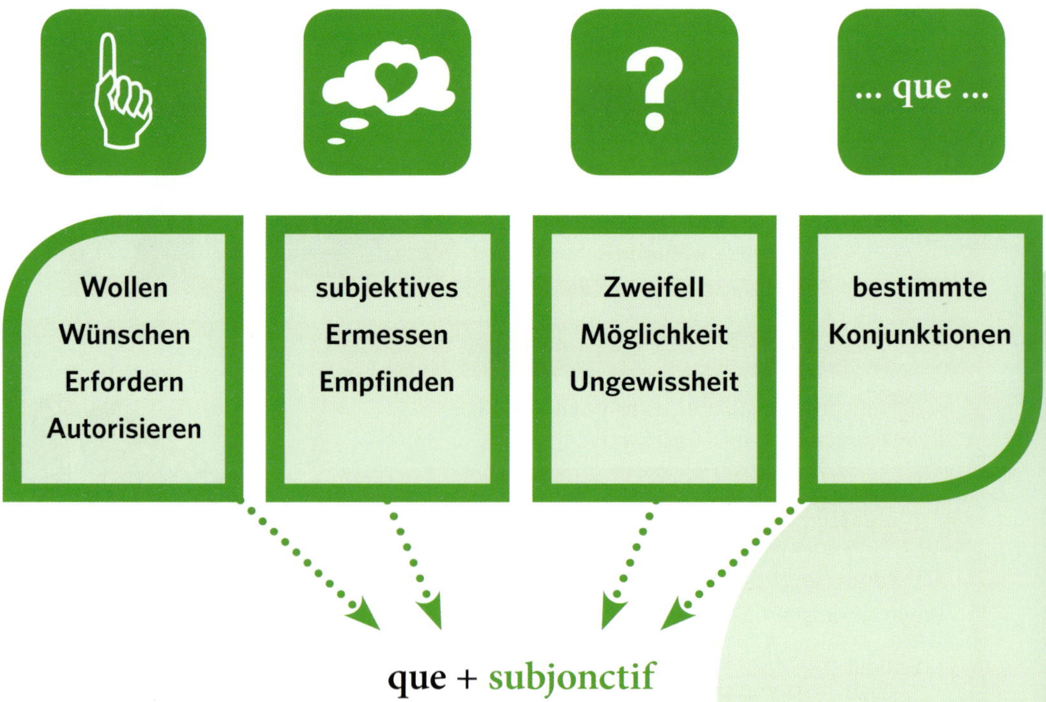

Die ersten drei Auslöser-Gruppen enthalten sowohl:

persönliche Formen als auch unpersönliche Wendungen

je veux que...
ich will dass ...

il faut que...
es ist nötig, dass ... / man muss ...

je préfère que...
ich habe lieber, dass ...

c'est étonnant que...
es ist erstaunlich dass ...

je doute que...
ich zweifle, dass ...

il est possible que...
es ist möglich dass ...

1. Auslöser des subjonjonctif

mit Verben
in der persönlichen Form

wollen
wünschen
fordern
erlauben

J'exige que ce travail **soit** fini dans une heure.
Ich verlange, dass diese Arbeit in einer Stunde beendet **wird**.

Je **ne veux pas que** tu **partes**.
Ich will nicht, **dass** Du **gehst**.

… que	…, dass
exiger	fordern
ordonner	befehlen
vouloir	wollen
vouloir bien	einverstanden sein
demander	bitten
proposer	vorschlagen
conseiller	empfehlen
suggérer	vorschlagen
recommander	empfehlen
souhaiter	wünschen
désirer	wünschen
avoir envie	Lust haben
supplier	anflehen

… que	…, dass
interdire	verbieten
refuser	ablehnen
éviter	vermeiden
empêcher	verhindern
permettre	erlauben
accepter	einverstanden sein

mit unpersönlichen Ausdrücken

- wollen
- wünschen
- fordern
- erlauben

Il pleut ! **Il faut que** tu **prennes** ton parapluie.
Es regnet! **Du musst** deinen Regenschirm **mitnehmen**.

il … que	es …, dass
faut	ist nötig / man muss
(m') importe	ist (mir) wichtig
suffit	genügt
vaut mieux	ist besser
convient	ist angebracht

il est … que	es ist …, dass
souhaitable	wünschenswert
temps	Zeit
urgent	dringend
nécessaire	notwendig
indispensable	unabdingbar
essentiel	unentbehrlich

2. Auslöser des subjonjonctif

mit Verben
in der persönlichen Form

subjektives Ermessen
subjektives Empfinden

Zu dieser Gruppe gehören, u. a:

... que	..., dass
aimer	gern haben
adorer	abgöttisch lieben
admirer	bewundern
apprécier	schätzen
préférer	vorziehen
aimer mieux	lieber haben
détester	verabscheuen
comprendre	verstehen
concevoir	begreifen
s'étonner	sich wundern
se réjouir	sich freuen
craindre	fürchten
avoir peur	Angst haben
avoir honte	sich schämen

... que	..., dass
trouver bon	gut finden
trouver important	wichtig finden
trouver curieux	seltsam finden
trouver bizarre	merkwürdig finden
trouver mauvais	schlecht finden

... que	..., dass
approuver	billigen
désapprouver	missbilligen
critiquer	kritisieren
s'indigner	sich entrüsten
supporter	ertragen
tolérer	ertragen, dulden
souffrir	ertragen, dulden
attendre	(er)warten
regretter	bedauern
déplorer	betrauern

... que	..., dass
être content	erfreut sein
être heureux	glücklich sein
être satisfait	zufrieden sein
être étonné	verwundert sein
être surpris	überrascht sein
être triste	traurig sein
être déçu	enttäuscht sein
être désolé	betrübt sein

mit unpersönlichen Ausdrücken

subjektives Ermessen
subjektives Empfinden

Je **suis heureux que** vous **goûtiez** ce whisky.
Ich **freue mich**, **dass** Sie diesen köstlichen Whisky **kosten**.

Ça m'étonne que vous n'**aimiez** pas mes lunettes.
Es erstaunt mich, dass Sie meine Brille nicht **mögen**.

il est	es ist
c'est	es ist
je trouve	ich finde
il (me) semble	es scheint (mir)
… que	…, dass
normal	normal
bon	gut
mauvais	schlecht
étonnant	erstaunlich
intéressant	interessant
important	wichtig
nécessaire	notwendig
dommage	schade
bizarre	seltsam
absurde	absurd

cela me / ça me	es … mich / mir
… que	…, dass
ça m'amuse	es amüsiert mich
ça me plait	es gefällt mir
ça me surprend	es überrascht mich
ça me gêne	es stört mich
ça m'inquiète	es beunruhigt mich
ça m'énerve	es nervt mich

3. Auslöser des subjonjonctif

mit Verben
in der persönlichen Form

?

Zweifel
Möglichkeit
Ungewissheit

Je **ne suis pas sûr que** ce **soit** mon portrait.
Ich **bin nicht sicher, dass** es mein Portrait **ist**.

... que	..., dass
douter	bezweifeln
nier	bestreiten
contester	verneinen
ne pas croire	nicht glauben
ne pas penser	nicht denken
ne pas estimer	nicht meinen
ne pas être sûr	nicht sicher sein
ne pas (s')imaginer	sich nicht vorstellen
ne pas trouver	nicht finden
ne pas se rappeler	sich nicht erinnern
ne pas espérer	nicht hoffen

mit unpersönlichen Ausdrücken

?

Zweifel
Möglichkeit
Ungewissheit

Il est possible que ce **soit** le même réveil.
Es ist möglich, dass das der gleiche Wecker **ist**.

… que	es …, dass
il semble	es scheint
il y a des chances pour	es gibt Chancen dafür
il est possible	es ist möglich
il se peut	es kann sein
il se pourrait	es könnte sein
il est peu probable/ improbable	es ist unwahrscheinlich
il est peu vraisemblable / invraisemblable	es ist unglaubwürdig

Indikativ oder subjonctif ?

Achtung !
Manche Ausdrücke können, je nach Bedeutung einen unterschiedlichen Modus verlangen – Indikativ oder subjonctif. Wird mit dem Ausdruck eher eine Sicherheit vermittelt, folgt der Indikativ. Vermittelt der Ausdruck dagegen eher Unsicherheit, folgt der subjonctif.

sicher ! ? unsicher

+ Indikativ	+ subjonctif
je crois que … ich glaube, dass …	**je ne crois pas que …** ich glaube nicht, dass …
je pense que … ich denke, dass …	**je ne pense pas que …** ich denke nicht, dass …
je me doute que … ich ahne, dass …	**je doute que …** ich bezweifle, dass …
il me semble que … mir scheint, dass …	**il semble que …** es scheint, dass …
il est certain que … es ist sicher, dass …	**il n'est pas certain que …** es ist nicht sicher, dass …
il est évident que … es ist offensichtlich, dass …	**il n'est pas évident que …** es ist nicht klar, dass …

Je **crois que** je le **fais**.
Ich **glaube, dass** ich es **tue**.

Je **ne crois pas que** je le **fasse**.
Ich **glaube nicht, dass** ich es **tue**.

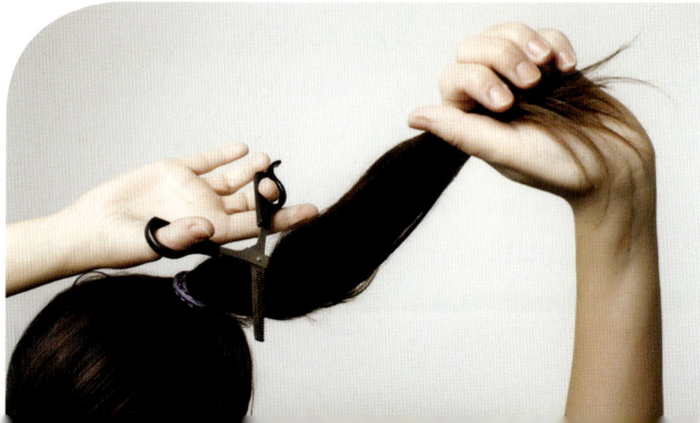

Bei den Verben des Sagens folgt der **subjonctif** wenn diese verneint werden.

sagen | ! | ne pas | nicht sagen

+ Indikativ	+ subjonctif
dire que … sagen, dass …	**ne pas dire que …** nicht sagen, dass …
affirmer que … behaupten, dass …	**ne pas affirmer que …** nicht behaupten, dass …
assurer que … versichern, dass …	**ne pas assurer que …** nicht versichern, dass …
jurer que … schwören, dass …	**ne pas jurer que …** nicht schwören, dass …
constater que … feststellen, dass …	**ne pas constater que …** nicht feststellen, dass …
déclarer que … erklären, dass …	**ne pas déclarer que …** nicht erklären, dass …
prétendre que … vorgeben, dass …	**ne pas prétendre que …** nicht vorgeben, dass …
soutenir que … behaupten, dass …	**ne pas soutenir que …** nicht behaupten, dass …
avouer que … gestehen, dass …	**ne pas avouer que …** nicht gestehen, dass …

Je **dis que** je **sais** surfer
Ich **sage, dass** ich surfen **kann**.

Je **ne dis pas que** je **sache** nager.
Ich **sage nicht, dass** ich schwimmen **kann**.

Relativsätze: Indikativ oder subjonctif ?

Hypothese > **subjonctif**

Der **subjonctif** folgt in einem Relativsatz, wenn eine **Hypothese** ausgedrückt wird, z.B.:

Il cherche une maison qui **soit** bon marché.

Er sucht ein Haus, das günstig **ist**.

Tatsache > **Indikativ**

Der **Indikativ** folgt in einem Relativsatz, wenn eine **Tatsache** ausgedrückt wird, z.B.:

Il a une maison qui **est** bon marché.

Er hat ein Haus, das günstig **ist**.

... que ...

4. Auslöser des subjonctif: Konjunktionen

Der **subjonctif** steht nach einigen Konjunktionen, z.B.:

Konjunktionen mit **que + subjonctif**	
à condition que	unter der Bedingung, dass
afin que	damit
avant que … (ne)	bevor
bien que	obwohl / obgleich
de peur que … (ne)	damit nicht
par crainte que … (ne)	damit nicht
jusqu'à ce que	solange bis
malgré que	obwohl / obgleich
pour que	damit
pourvu que	vorausgesetzt, dass
quoique	obwohl / obgleich
sans que	ohne dass
supposé que	angenommen, dass

Hélène fait la cuisine, **bien qu'** elle **veuille** regarder la télé.
Hélène kocht, **obwohl** sie fernsehen **möchte**.

10 Satzarten

Welche Arten von Sätzen gibt es im Französischen?

Wann verwende ich **welche** Satzart?

Was drücke ich mit den einzelnen Satzarten **aus**?

Was muss ich bei ihrer **Bildung** beachten?

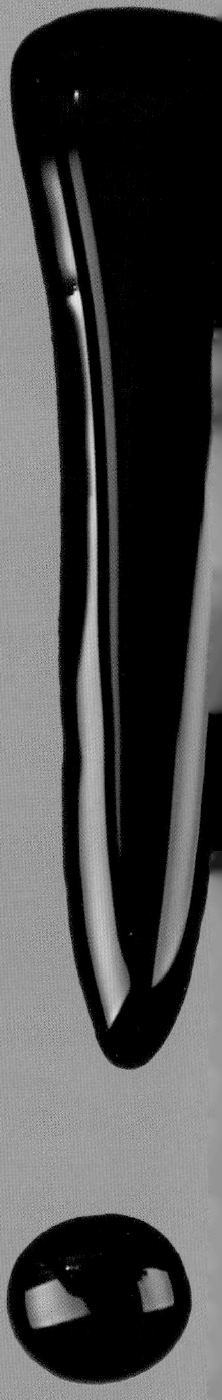

Aussagesatz

....

Fragesatz

Intonation

.... ?

Est-ce que .... ?

Inversionsfrage

.... ?

Fragewörter

qui
que
quand, où, comment etc... ?

Relativsatz

mit

qui /ce qui
que /ce que
lequel...
dont
où

Bedingungssatz

si irreal in der

Gegenwart
Vergangenheit

indirekte Rede

Rede
Frage
Zeitenfolge

Der Aussagesatz

Im Gegensatz zum Deutschen gibt es im Französischen eine feste Struktur des Aussagesatzes:

S - V - O

(Subjekt - Verb -Objekt)

Zeit / Ort Bestimmung	Subjekt	Verb	Direktes Objekt	Indirektes Objekt	Zeit / Ort Bestimmung
	Michel	conduit.			
	Jean	possède	un vélo.		
	Jean	montre	son vélo	à Michel.	
Hier,	Jean	a prêté	son vélo	à Michel.	
Demain,	Michel	sera	rapide	sur le chemin de l'école.	

Michel conduit.
Michel fährt.

Jean possède un vélo.
Jean besitzt ein Fahrrad.

Jean montre son vélo à Michel.
Jean zeigt Michel ein Fahrrad.

Hier, Jean a prêté son vélo à Michel.
Gestern hat Jean Michel ein Fahrrad geliehen.

Demain, Michel sera rapide sur le chemin de l'école.
Morgen wird Michel schnell auf dem Weg zur Schule sein.

Der Fragesatz

Im Französischen gibt es drei verschiedene Möglichkeiten eine Frage zu bilden:

Le chat a faim ?
Hat die Katze Hunger?

Est-ce que le chat a faim ?
Hat die Katze Hunger?

A-t-il faim ?
Hat sie Hunger?

Dabei unterscheidet man auch nach Entscheidungsfragen, auf die man mit ja oder nein antwortet und Ergänzungsfragen, die ein Fragepronomen erfordern und auf die man nicht einfach mit ja oder nein antworten kann.

Le chat a faim ? - **Oui./Non.**
Hat die Katze Hunger? - Ja./Nein.

Où est le chat ? - Je ne sais pas.
Wo ist die Katze? - Ich weiß es nicht.

Die Intonationsfrage

Es gibt im Französischen drei verschiedene Möglichkeiten eine Frage zu stellen:

Intonationsfrage | **est-ce que Frage** | **Inversionsfrage**

In der Intonationsfrage bleibt die Stellung der Wörter wie im Aussagesatz. Einziger Unterschied: der Satz wird mit einem fragenden Ton ausgesprochen, wobei die Stimme am Ende des Satzes hochgeht.

Super!
Die Intonationsfrage ist sehr einfach und wird im gesprochenen Französisch häufig benutzt.

Aussagesatz + Intonation

Aussagesatz

Le bleu me va bien.
Blau steht mir gut.

Intonationsfrage

Le vert me va bien?
Steht mir Grün gut?

Die Frage mit est-ce que

Die Frage mit est-ce que existiert im Deutschen nicht. Sie ist aber ganz einfach: est-ce que wird vor den Aussagesatz gestellt.

est-ce que + Aussagesatz

Est-ce que tu viens dîner?
Kommst du zum Abendessen?

Est-ce qu'elle vient dîner ?
Kommt sie zum Abendessen?

Vor einem Vokal oder stummen h wird est-ce que zu est-ce qu'.

Es sieht schriftlich komplizierter aus als es klingt!

Sprechen Sie est-ce que „äskö" [ɛskə] und est-ce qu' „äsk" [ɛsk] aus

Die Frage mit Fragewort + est-ce que

Im Deutschen gibt es kein Äquivalent für **est-ce que**. Von daher lässt es sich nicht übersetzen.

Wichtig!
Die Frage mit **est-ce que** ist immer gebräuchlich und richtig.

Die Reihenfolge ist **Fragewort** - **est ce que** - **Aussagesatz**.

Fragewort	est-ce que	Aussagesatz ?
Comment Wie	**est-ce que**	**tu t'appelles ?** heißt du?
D'où Woher	**est-ce que**	**tu viens ?** kommst du?
Pourquoi Warum	**est-ce que**	**tu pleures ?** weinst du?

Aufgepasst!
Vor einem Vokal oder stummen h wird **que** zu **qu'** und **est-ce que** zu **est-ce qu'**.

Qu' est-ce qu'elle fait demain ?
Was macht sie morgen?

Die Frage mit Fragewörtern

Es gibt direkte und indirekte Fragewörter, u.a.:

direkte Fragewörter	indirekte Fragewörter
qui ... ?	à qui ... ?
que ... ?	à quoi ... ?
quand ... ?	à quel(s), quelle(s)... ?
où ... ?	à quelle heure ... ?
comment ... ?	de qui ... ?
pourquoi ... ?	de quoi ... ?
combien ... ?	d'où ... ?
combien de temps ... ?	depuis quand ... ?
quel(s), quelle(s) ... ?	

Combien est-ce que ça coute?
Wie viel kostet es?

Die Frage mit qui

Mit **qui** fragt man nach **Personen**.

wer?

Frage nach dem **Subjekt**

Sie können **sowohl** mit **qui** als auch mit **qui est-ce qui** nach einem **Subjekt** fragen.

qui | **qui est-ce qui**

Sprechen Sie es „kiäski“ [kiɛski] aus.

Qui a peur du loup?
Wer hat Angst vorm Wolf?

Qui est-ce qui aime loup?
Wer mag den Wolf?

wen?

Wenn Sie nach einer **Person** fragen, die **Objekt des Satzes** ist, verwenden Sie:

wem?

Frage nach dem **direkten Objekt**

qui + est-ce que
für ein direktes Objekt

qui est-ce que

Frage nach dem **indirekten Objekt**

à qui + est-ce que
für ein indirektes Objekt

à qui est-ce que

Qui est-ce que tu potographies ?
Wen fotografierst du?

À qui est-ce que tu la donneras ?
Wem wirst Du es geben?

Oder mit der Inversionsfrage:

Qui cherchez-vous ?
Wen suchen Sie?

À qui donnez-vous ces fleurs ?
Wem geben Sie diese Blumen?

Die Frage mit que

Mit **que** fragt man nach **Sachen**.

Wenn Sie nach einer **Sache** fragen, die **Subjekt des Satzes** ist, verwenden Sie **qu'est-ce qui**.

Frage nach dem **Subjekt**

Vor einem Vokal wird **que** zu **qu'**, also auch vor **est-ce que /qui**.

qu' est-ce qui

Qu' **est-ce qui** s'est passé ?
Was ist passiert?

Frage nach dem **direkten Objekt**

Wenn Sie nach einer **Sache** fragen, die **Objekt des Satzes** ist, verwenden Sie:

Frage nach dem **indirekten Objekt**

qu'est-ce que
(que + est-ce que)
für ein direktes Objekt

à quoi est-ce que
für ein indirektes Objekt

qu' est-ce que

à quoi est-ce que

Qu'est-ce que tu cherches ?
Was suchst Du?

À quoi est-ce que tu penses ?
Woran denkst Du?

Oder mit der Inversionsfrage:

Que cherchez-vous ?
Wen suchen Sie?

À quoi pensez-vous ?
An was denken Sie?

Mehrere Wortreihenfolgen sind möglich:

Vor einem Aussagesatz:

Fragewort	Aussagesatz?
À quoi	tu penses ?
	Woran denkst Du?

Vor einer Inversionsfrage:

Fragewort	Inversionsfrage?
À quoi	penses-tu ?
	Woran denkst Du?

Vor est-ce que + Aussagesatz:

Fragewort	est-ce que Aussagesatz?
À quoi	est-ce que tu penses ?
	Woran denkst Du?

Nach einem Aussagesatz:
(gebräuchlich aber weniger korrekt)

Aussagesatz	Fragewort	
Tu penses	à quoi ?	
		Woran denkst Du?

Die Inversionsfrage

Die Inversionsfrage ist dem Deutschen recht ähnlich. Sie wird allerdings im gesprochenen Französisch nicht sehr häufig verwendet. Man finden Sie vor allem in schriftlichen Texten.

In einer **Inversionsfrage** werden einfach Subjektpronomen und Verb vertauscht. Dazwischen steht ein Bindestrich.

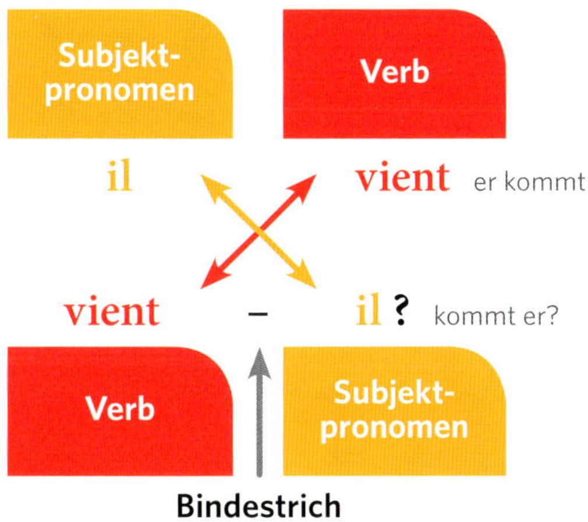

Die Struktur der Inversionsfrage ist folgende:

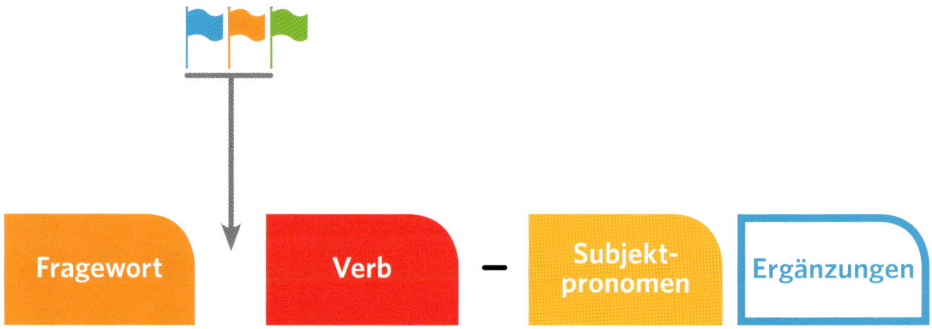

Es-tu en vacances ?
Bist du im Urlaub?

Comment vas-tu ?
Wie geht es dir?

Quand peux-tu venir à Marseille ?
Wann kannst du nach Marseille kommen?

Reflexivpronomen, direkte und indirekte Objektpronomen stehen vor dem Verb.

Me la donneras-tu ?
Wirst du **sie mir** geben?

Wenn die Verbform auf **-a** oder **-e** endet, tritt ein **-t-** vor **il**, **elle** und **on**.

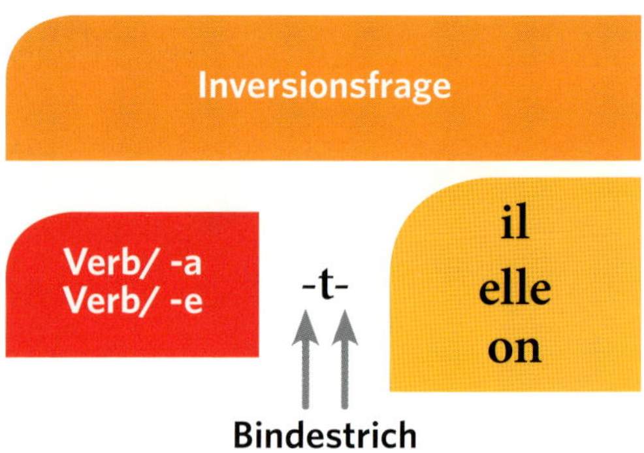

A-t-il une nouvelle amie ?
Hat er eine neue Freundin?

Erinnern Sie sich!
Nach dem Verb folgt immer ein **Pronomen**.

Substantiv als Subjekt in der Inversionsfrage

Wenn das **Subjekt kein Pronomen, sondern ein Substantiv ist,** so bleibt der Aussagesatz erhalten und an das Verb wird das entsprechende Subjektpronomen mit einem Bindestrich angehängt.

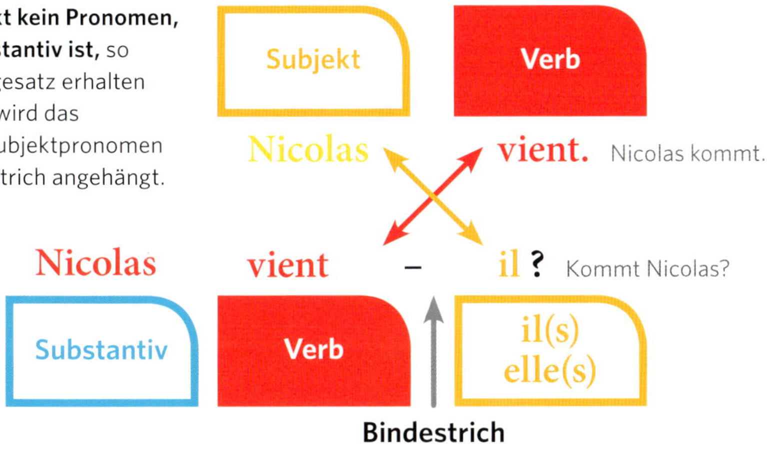

Ta lettre est-elle arrivée?
Ist dein Brief angekommen?

Vincent a-t-il répondu?
Hat Vincent geantwortet?

Einige kurze Fragen werden in der gesprochenen Sprache als Inversionsfragen verwendet:

Comment allez-vous ?
Wie geht es Ihnen / euch?

Quelle heure est-il ?
Wie viel Uhr ist es?

Der Relativsatz

Der Relativsatz mit qui / ce qui

Das Relativpronomen **qui** leitet einen Relativsatz ein, bei dem **qui**, wie sein Bezugswort, **Subjekt des Relativsatzes** ist.

Bezugswort **qui** = **Subjekt** des Relativsatzes

J'ai **un ami qui** m'aide beaucoup.
Ich habe **einen Freund**, **der** mir sehr hilft.

Qui kann sich **sowohl** auf **Personen** als auch auf **Sachen** beziehen, z.B.:

Il a **des idées qui** m'intéressent.
Er hat **Ideen**, **die** mich interessieren.

Wenn es **kein Bezugswort** gibt:

Das Relativpronomen **ce qui** benutzt man, um das deutsche **was** auszudrücken.

~~Bezugswort~~ → **ce qui** Subjekt

J'aime **ce qui** l'intéresse.
Ich mag, **was** ihn interessiert.

Im Gegensatz zum Deutschen ist **qui** unveränderlich und steht für **der**, **die**, **das**.

Der Relativsatz mit que / ce que

Das Relativpronomen **que** leitet einen Relativsatz ein, bei dem **que**, wie sein Bezugswort, **Objekt des Relativsatzes** ist.

Que (den, die, das) ist unveränderlich und wird vor Vokal oder stummem h zu **qu'**.

Bezugswort **que** = **Objekt** des Relativsatzes

J'ai **un ami que** j'aime beaucoup.
Ich habe einen Freund, **den** ich sehr mag.

Que kann sich **sowohl** auf **Personen** wie auch auf **Sachen** beziehen, z.B.:

Je découvre **des choses qu'**il m'apprend.
Ich entdecke **Dinge**, die er mir beibringt.

Wenn es **kein Bezugswort** gibt:

Das Relativpronomen **ce que** benutzt man, um das deutsche **was** auszudrücken.

~~**Bezugswort**~~ → **ce que** Objekt

J'écoute **ce que** tu dis.
Ich höre auf das, **was** du sagst.

Qui oder **que**?
Kleiner Tipp: Steht ein Verb nach dem Relativpronomen braucht man **qui**, folgt dagegen ein Substantiv oder Subjektpronomen, so handelt es sich um ein Objekt und man braucht **que**.

Der Relativsatz mit dont

Das Relativpronomen **dont** vertritt **Ergänzungen mit de** in einem Relativsatz.

~~in dem~~
~~von der~~
~~dessen~~
~~usw.~~

Einfach!
Dont ist unveränderlich und ersetzt viele Wörter wie z.B. **in den**, **von der** usw., im Singular wie im Plural.

de → **dont**

Marie est amoureuse **de** Paul.
C'est Paul **dont** Marie est amoureuse.
Es ist Paul, **in den** Marie verliebt ist.

Dont bezieht sich sowohl auf **Personen** als auf **Sachen**, z.B.:

La flèche **de** Cupidon était en plastique.

Cupidon, **dont** la flèche était en plastique, est parti.
Amor, **dessen** Pfeil aus Plastik war, ist fortgegangen.

Je parle **d'**une flèche.
C'est la flèche **dont** je parle.
Das ist der Pfeil, **von dem** ich spreche.

Der Relativsatz mit **où**

Das Relativpronomen **où** vertritt **Ortsbestimmungen** im Relativsatz.

~~**wo**~~
~~**wohin**~~
~~**in der**~~
~~**usw.**~~

Einfach!
Où ist unveränderlich und ersetzt viele Wörter wie z.B. **wo**, **wohin**, **in der** usw., im Singular wie im Plural.

Ortsbestimmung → **où**

La plage **où** je vais est très belle.
Der Strand**, an den** ich fahre, ist sehr schön.

Il y a du soleil là **où** tu es?
Gibt es Sonne, da **wo** du bist?

So merken Sie sich den Unterschied zwischen dem Relativpronomen **où** und der Konjunktion **ou**.
Auf der **Oder** schwimmt kein **Graf**!

où (mit accent grave > wo)
ou (ohne accent > oder).

Der Relativsatz
mit lequel, laquelle, lesquels, lesquelles

Die Relativpronomen **lequel**, **laquelle**, **lesquels**, **lesquelles** vertreten **Personen** oder **Sachen** in einem Relativsatz **nach** einer **Präposition**.

Je nach Geschlecht und Zahl, gibt es **4 Formen** von **lequel**, **laquelle**, **lesquels**, **lesquelles**:

Präposition		
z.B.: **après**, **avec**, **chez**, **dans**, **pendant**, **pour**, **sur** etc.	**lequel**	(männlich, Singular)
	laquelle	(weiblich, Singular)
	lesquels	(männlich, Plural) oder (gemischt, Plural)
	lesquelles	(weiblich, Plural)

Sie vertreten immer Sachen:

C'est la maison **dans laquelle** j'habite.
Das ist das Haus, **in dem** ich wohne.

Sie vertreten meist auch Personen:

C'est un ami **avec lequel** j'aime parler.
Das ist ein Freund, **mit dem** ich gerne spreche.

Wenn Personen vertreten werden, verwendet man allerdings auch oft **qui** …

C'est un ami **avec qui** j'aime parler.
Das ist ein Freund, **mit dem** ich gerne spreche.

Lequel, **lesquels**, **lesquelles**
verschmelzen mit der Präposition à:

z.B. mit:					
à	**à**	+	**lequel**	=	**auquel**
grâce à			**laquelle**	=	**à laquelle**
face à			**lesquels**	=	**auxquels**
			lesquelles	=	**auxquelles**

C'est le film **auquel** je pense.
Das ist der Film, **an den** ich denke.

Lequel, **lesquels**, **lesquelles**
verschmelzen mit der Präposition de:

z.B. mit:					
près de	**de**	+	**lequel**	=	**duquel**
au milieu de			**laquelle**	=	**de laquelle**
à cause de			**lesquels**	=	**desquels**
auprès de			**lesquelles**	=	**desquelles**

à cause **de**
wegen

C'est le film à cause **duquel** il a des cauchemars.
Es ist der Film, **wegen dem** er Alpträume hat.

Aufgepasst! **de** ohne Präposition wird von **dont** vertreten.

Je parle **de** ce film.
Ich spreche von diesem Film.

C'est le film **dont** je parle.
Das ist der Film, **von dem** ich spreche.

Der Bedingungssatz

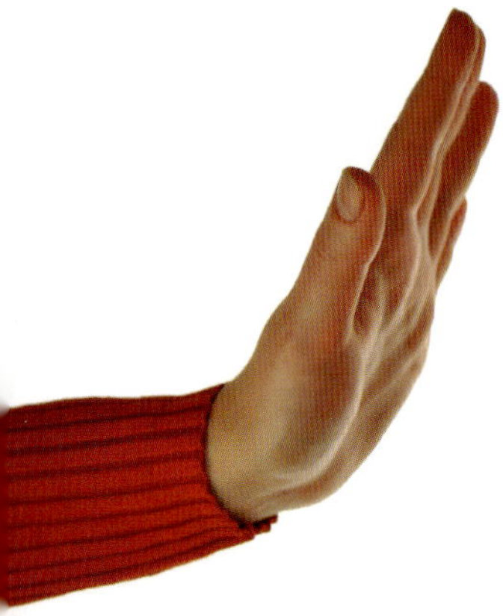

In einem Bedingungssatz wird eine **Bedingung** formuliert (Si-Satz) und eine **Folge**, wenn diese eintritt (Hauptsatz).

si / **wenn** + **Bedingung**

Vor einem Vokal wird **si** zu **s'**.

Die Zeitenfolge im realen Bedingungssatz

Bei einem **realen Bedingungssatz** handelt es sich um eine Bedingung, die **tatsächlich erfüllt werden kann**.

Si-Satz im Präsens,	**Hauptsatz im Präsens**
Si tu me le **donnes**, **Wenn** du es mir **gibst**,	je ne **tire** pas. **schieße** ich nicht.

Si-Satz im Präsens,	**Hauptsatz im Futur I**
Si tu me le **donnes**, **Wenn** du es mir **gibst**,	je ne **tirerai** pas. **werde** ich nicht **schießen**.
S'il me **tue**, **Wenn** er mich **tötet**,	il ne l'**aura** pas. **wird** er es nicht **bekommen**.

Die Zeitenfolge im irrealen Bedingungssatz

Bei einem **irrealen Bedingungssatz** handelt es sich um eine Bedingung, deren **Erfüllung unwahrscheinlich oder unmöglich** ist.

In der Gegenwart

Si-Satz im imparfait	,	Hauptsatz im Konditional I
Si je te le **donnais**,		tu **tirerais** quand même.
Wenn ich es dir **geben würde**,		**würdest** du trotzdem **schießen**.

Achtung!
Im Französischen darf im Si-Satz **nie Konditional** stehen (so wie im Deutschen), sondern nur imparfait oder Plusquamperfekt.

Der irreale Bedingungssatz der Vergangenheit wird verwendet, wenn eine Bedingung in der Vergangenheit unerfüllt geblieben ist. Er ist daher rein hypothetisch.

In der Vergangenheit

Si-Satz im Plusquamperfekt	,	Hauptsatz im Konditional II
Si elle me l'**avait donné**,		j'**aurais tiré** à côté.
Wenn sie es mir **gegeben hätte**,		**hätte** ich daneben **geschossen**.

Die indirekte Rede

Genau so, wie man im Deutschen die **indirekte Rede** mit **dass**, **ob**, **wo**, **warum**, **wann** usw. einleitet, leitet man sie im Französischen mit **que**, **si**, **où**, **pourquoi**, **quand** usw. ein.

Einfach!
Die Wortstellung ist dieselbe wie in der direkten Rede und es steht kein Komma zwischen den Satzteilen.

Vor einem Vokal wird **que** zu **qu'**.

Il dit **qu'**il saute.
Er sagt, **dass** er springt.

Il dit **que** c'est pour rire
Er sagt, **dass** es zum Spaß ist.

Il demande **si** je l'aime.
Er fragt, **ob** ich ihn liebe.

Vor einem Vokal wird **si** zu **s'**.

Il demande **s'**il y a un matelas.
Er fragt, **ob** es eine Matratze gibt.

Il demande **où** est le matelas.
Er fragt, **wo** die Matratze ist.

Il demande **quand** je viens l'aider.
Er fragt, **wann** ich ihm helfen komme.

Il demande **pourquoi** j'ai enlevé le matelas.
Er fragt, **warum** ich die Matratze weggenommen habe.

Die Zeitenfolge in der indirekten Rede und indirekten Frage

Wenn das **einleitende Verb** im **Präsens** steht, bleibt die Zeit in der direkten und indirekten Rede dieselbe.

einleitendes Verb im Präsens

Präsens

il **dit**
er sagt

direkte Rede		indrekte Rede
Präsens	>	**Präsens**
« Je **saute**. » „Ich springe."		Il dit qu'il **saute**. Er sagt, dass er springt.
futur composé	>	**futur composé**
« Je **vais sauter**. » „Ich werde springen."		Il dit qu'il **va sauter**. Er sagt, dass er springen wird.
passé composé	>	**passé composé**
« J'**ai sauté**. » „Ich bin gesprungen."		Il dit qu'il **a sauté**. Er sagt, dass er gesprungen ist.

Wenn das einleitende Verb in einer Zeit der Vergangenheit steht (**imparfait**, **passé composé** oder **Plusquamperfekt**), verändert sich bei einer direkten Rede in **Präsens**, **passé composé**, **Futur I**, **Futur II** die Zeit in der indirekten Rede:

einleitendes Verb in Zeiten der Vergangenheit

imparfait	passé composé	Plusquamperfekt
il **disait** er sagte	il **a dit** er hat gesagt	il **avait dit** er hatte gesagt

direkte Rede		indrekte Rede
Präsens	>	**imparfait**
« Je **saute**. » „Ich **springe**."		Il a dit qu'il **sautait**. Er sagte, dass **er springt**.
Futur I	>	**Konditional I**
« Je **sauterai**. » „Ich **werde springen**."		Il a dit qu'il **sauterait**. Er sagte, dass er **springen würde**.
Futur II	>	**Konditional II**
« J'**aurai sauté**. » „Ich **werde gesprungen sein**."		Il a dit qu'il **aurait sauté**. Er sagte, dass er **gesprungen sein würde**.
passé composé	>	**Plusquamperfekt**
« J'**ai sauté**. » „Ich **bin gesprungen**."		Il a dit qu'il **avait sauté**. Er sagte, dass er **gesprungen** sei.

Wenn das einleitende Verb in einer Zeit der Vergangenheit steht (**imparfait**, **passé composé** oder **Plusquamperfekt**), bleibt bei einer direkten Rede im **imparfait**, **Plusquamperfekt**, **Konditional I**, **Konditional II** die Zeit in der indirekten Rede dagegen unverändert.

einleitendes Verb in Zeiten der Vergangenheit

imparfait	passé composé	Plusquamperfekt
il **disait** er sagte	il **a dit** er hat gesagt	il **avait dit** er hatte gesagt

direkte Rede		indrekte Rede
imparfait	>	**imparfait**
« Je **sautais**. » „Ich **sprang**."		Il a dit qu'il **sautait**. Er sagte, dass er **gesprungen sei**.
Plusquamperfekt	>	**Plusquamperfekt**
« J'**avais sauté**. » „Ich **war gesprungen**."		Il a dit qu'il **avait sauté**. Er sagte, dass er **gesprungen war**.
Konditional I	>	**Konditional I**
« Je **sauterais**. » „Ich **würde springen**."		Il a dit qu'il **sauterait**. Er sagte, dass er **springen würde**.
Konditional II	>	**Konditional II**
« J'**aurais sauté**. » „Ich **wäre gesprungen**."		Il a dit qu'il **aurait sauté**. Er sagte, dass er **gesprungen wäre**.

11 Zahlen und Zeitangaben

Welche Arten von Zahlen gibt es im Französischen?

Wie bilde ich sie?

Wie kann ich **Zeitangaben** machen und nach der **Uhrzeit** fragen?

1996
1999
1993
1994
2001
1999
1999
2000

Milliarde
1 000 000 000

Million
1 000 000

Tausender
1 000

Hunderter
100

Zehner
10

Einer
1

123 456 789 101

Die Grundzahlen

-ième
Die Ordnungszahlen

1/2
Die Bruchzahlen

le huit mai
Die Datumsangabe

15h00
Die Zeitangabe

Die Grundzahlen

0 – 16, Zehner

Die Zahlen bis 16 müssen Sie auswendig lernen:

0	zéro
1	un / une
2	deux
3	trois
4	quatre
5	cinq
6	six
7	sept
8	huit
9	neuf
10	dix
11	onze
12	douze
13	treize
14	quatorze
15	quinze
16	seize

Ebenso auch die runden Zehner bis 60:

20	vingt
30	trente
40	quarante
50	cinquante
60	soixante

Bis 90 müssen Sie etwas ‚rechnen':

70	soixante-dix	(60 + 10)
80	quatre-vingts	(4 x 20)
90	quatre-vingt-dix	(4 x 20 + 10)

17 – 1 000 000 000

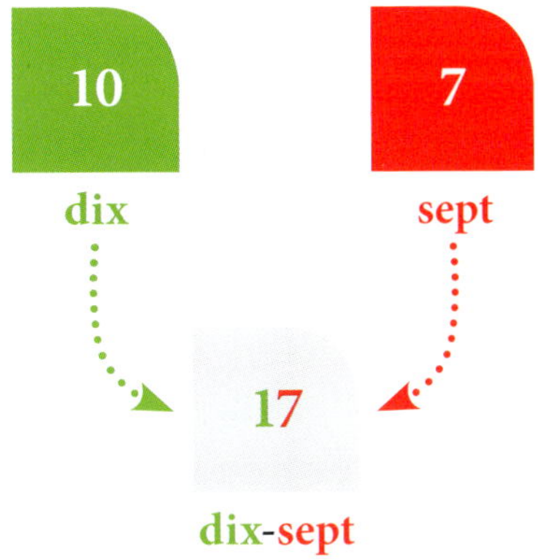

Ab 17 ist das Prinzip anders als im Deutschen, aber sehr leicht, ja sogar leichter! Sprechen Sie einfach wie Sie lesen, von links nach rechts:

Das Prinzip bleibt dasselbe:

17	**dix-sept**
18	**dix-huit**
19	**dix-neuf**
32	**trente-deux**
61	**soixante et un**
99	**quatre-vingt-dix-neuf**
100	**cent**
200	**deux cents**
104	**cent quatre**
336	**trois cent trente-six**
1 000	**mille**
2 000	**deux mille**
30 662	**trente mille six cent soixante-deux**
1 000 000	**un million**
3 200 523	**trois millions deux cent mille cinq cent vingt-trois**
1 000 000 000	**un millard**
6 000 000 000	**six millards**

Wenn **million** oder **milliard** eine runde Zahl sind, und auf sie ein Substantiv folgt, dann steht vor dem Substantiv ein de.

million / milliard → de Substantiv

un million **d'**euros
un million cent mille euros

Besonderheiten

70-79	
70	soixante-dix
71	soixante et onze
72	soixante-douze
73	soixante-treize
74	soixante-quatorze
75	soixante-quinze
76	soixante-seize
77	soixante-dix-sept
78	soixante-dix-huit
79	soixante-dix-neuf

90 - 99	
90	quatre-vingt-dix
91	quatre-vingt-onze
92	quatre-vingt-douze
93	quatre-vingt-treize
94	quatre-vingt-quatorze
95	quatre-vingt-quinze
96	quatre-vingt-seize
97	quatre-vingt-dix-sept
98	quatre-vingt-dix-huit
99	quatre-vingt-dix-neuf

In der französischen Schweiz und in Belgien ist es einfacher!

70 heißt **septante** und wird von einfachen Ziffern gefolgt:

72 septante-deux

90 heißt **nonante** und wird auch von einfachen Ziffern gefolgt:

92 nonante-deux

Huitante für **80** kommt nur in der Schweiz vor.

In Frankreich:

Bei **wichtigen Daten** der **Geschichte** werden manchmal **Tausender wie Hunderter** gesagt.
1789 kann z.B. als
mille sept cent quatre-vingt-neuf
oder auch als
dix-sept cent quatre-vingt neuf
ausgesprochen werden.

Bei 21, 31, 41, 51 und 61 steht **et** zwischen Zehner und 1.

21
31
41
51
61

Zehner	et un
21	vingt et un

Vor einem weiblichen Substantiv wird die Zahl **un** zu **une**.

et un / et une

61 Il a soixante et **un** ans.
Er ist 61 Jahre alt.

31 Il y a trente et **une** bougies.
Es gibt 31 Kerzen.

Bei 71 steht **et** zwischen Zehner und 11.

71

60	et onze

soixante **et onze (60 + 11)**

Diese **et**-Regelung trifft die anderen Zahlen nicht:

81	quatre-vingt-un
101	cent un
2 001	deux mille un

Besonderheiten, die nur im Schriftlichen relevant sind

(Da man Zahlen meistens als Ziffern schreibt,
werden Sie sie selten brauchen.)

< 100 Bindestrich oder **et**

Von 17 bis 100
werden die Zahlen analog gebildet:
Zehner - Bindestrich - Einer.

Zehner - Einer

Bindestrich

18	**dix-huit**
45	**quanrante-cinq**

(außer bei den Zahlen,
die mit **et** verbunden sind)

Zehner et un

kein Bindestrich

> 100 kein Bindestrich

Über Hundert steht kein Bindestrich zwischen den Zahlen:

633	**six cent trente-trois**
8 006	**huit mille six**
5 200 000	**cinq millions deux cent mille**

Also weder nach
cent, noch **mille**, noch **million**, noch **milliard**, wenn diesen eine Zahl folgt.

-s

vingt(s)

Vingt bekommt ein **-s**, wenn es **multipliziert wird** (bei **80**) **und nicht von einer Zahl gefolgt** wird.

80	quatre-**vingts** (4 x 20)
90	quatre-vingt-dix (4 x 20 + 10)

cent(s)

Auch **cent** bekommt ein **-s**, wenn es **multipliziert und nicht von einer Zahl gefolgt** wird.

200	deux **cents** (2 x 100)
501	cinq cent un

~~-s~~

Die **anderen Ziffern** sind **unveränderlich**.

70	soixante-dix
35	trente-cinq

mille

1000 ist auch **unveränderlich** (bekommt kein -s).

3000	trois mille

Die Ordnungszahlen

Die Zahlen 1 und 2 sind Ausnahmen:

1er/ère	le **premier** / la **première**
2nd/nde	le **second** / la **seconde**

Für 2 gibt es 2 Möglichkeiten.

Um Ordnungszahlen zu bilden, hängt man **ième** an die Zahl.

Grundzahl + -ième

2e	le / la	**deux**	**ième**
3e	le / la	**trois**	**ième**
4e	le / la	**quatr**	**ième**
5e	le / la	**cinq**	**ième**
6e	le / la	**six**	**ième**
7e	le / la	**sept**	**ième**
8e	le / la	**huit**	**ième**
9e	le / la	**neuv**	**ième**
10e	le / la	**dix**	**ième**
11e	le / la	**onz**	**ième**
12e	le / la	**douz**	**ième**
13e	le / la	**treiz**	**ième**
14e	le / la	**quatorz**	**ième**
15e	le / la	**quinz**	**ième**
16e	le / la	**seiz**	**ième**

Wenn die Zahl auf e endet, fällt das e weg. (quatr, onz, douz, treiz, quatorz, quinz, seiz)

f am Ende wird durch v ersetzt. (neuv)

Dasselbe Prinzip wird fortgeführt:

17e	dix-sept	ième
20e	vingt	
59e	cinquante-neuv	
86e	quatre-vingt-six	
100e	cent	
1000e	mill	
1070e	mille soixante-dix	

f wird zu **v**

Das **e** fällt weg.

Bei 21, 31, 41, 51 und 61 benutzt man **et unième**:

21e
31e
41e
51e
61e

Zehner | **et unième**

51e **cinquante et unième**

C'est le **vingt et unième** radis.
Das ist das **einundzwanzigste** Radieschen.

Mit **second** und **deuxième** ist es ganz einfach: sie sind austauschbar. **Deuxième** wird jedoch öfter benutzt.

2^{e} $2^{nd/nde}$

deuxième ≈ second(e)

Il est arrivé **deuxième**.
Il est arrivé **second**.
Er ist **zweiter** geworden.

la **seconde** guerre mondiale
der **zweite** Weltkrieg

la classe de **seconde**
(äquivalent zur 10. Klasse)

Deuxième lässt sich **mit anderen Zahlen verbinden**:

(Mit **second** ist das nicht möglich.)

Zehner | **-deuxième**

22 vingt-deuxième

C'est notre **deuxième** Noël ensemble.
Er ist unser **zweites** Weihnachten zusammen.

Unterschiede zum Deutschen

	Wie beim Deutschen steht die **Ordnungszahl** für den **Ersten** des Monats:	Anders als im Deutschen steht die **Grundzahl** ab dem **Zweiten** des Monats:
	1	**2, 3, ...**
Bei **Tagen** und **Herrschernamen**:	le **premier** mai Der **erste** Mai Napoléon **premier** Napoleon der **Erste**	le **deux** mai, le **trois** mai Der **zweite** Mai, der **dritte** Mai Napoléon **trois** Napoleon der **Dritte**

	Im Deutschen steht die **Ordnungszahl**:	Im Französischen steht die **Grundzahl**:
Bei **Ausdrücken** mit **jede/jedes/jeder**:	jeden **zweiten** Tag	un jour sur **deux** oder tous les **deux** jours

Achtung!
Der Artikel wird **vor den Ordnungszahlen nie apostrophiert**.

la
le
~~**l'**~~

...ième

la huitième
le onzième

Die Bruchzahlen

-ième

Ordnungs-zahl

Einfach!
In einer Bruchzahl hat der **Nenner** (untere Zahl) **die gleiche Form wie die Ordnungszahl**:

Grundzahl / Nenner

Anders als im Deutschen: der Fünfte ≠ ein Fünftel:

Im Plural wird ein **–s** angehängt:

1/5	**un cinquième**
2/6	**deux sixièmes**

Es gibt 3 Ausnahmen:
un demi, **un tiers**, **un quart**.

1/2	**un demi**
1/3	**un tiers**
1/4	**un quart**

Un **demi** (de bière) s'il vous plaît !
Ein **kleines Bier**, bitte!

(Beim Bier entspricht **un demi** keinem demi litre halber Liter, sondern une demie chopine (alte Maßeinheit = ca. 25 cl.).

Die Datumsangabe

Anders als im Deutschen wird nur der **1. Tag im Monat** mit der **Ordnungszahl** genannt:

Die **weiteren Tage** mit der **Grundzahl**:

Ordnungszahl	Grundzahl
1. Tag im Monat	**weitere Tage**
le **premier** janvier der **erste** Januar	le **deux** janvier der **zweite** Januar

Einfacher als im Deutschen! Das Datum wird **immer** mir dem Artikel **le** genannt:

le Datum

Die Zeitangabe

Die umgangssprachliche Zeitangabe

Die Zeitangabe ist anders als im Deutschen.

une heure

Aufgepasst! Bei **une heure** steht kein s am Ende.

Viertelteilung

trois heures

quatre heures moins le quart

trois heures et quart

trois heures et demie

Moins (minus) **le quart** steht für **viertel vor**.

Nur **bei Viertel und halb** steht **et** nach der Stunde.

Minutenteilung

Nach „halb" werden die Minuten **von der nächsten Stunde** mit **moins** (minus) abgezogen.

Bis „halb" werden die Minuten einfach **hinzugefügt**.

quatre heures moins cinq

trois heures dix

quatre heures moins vingt-cinq

trois heures vingt

midi
Mittag

minuit
Mitternacht

Il est **dix heures** (du soir).
Es ist **zehn Uhr** (abends).

Nachmittags bis Mitternacht werden die Stunden oft von **1 bis 11** gezählt.

Die offizielle Zeitangabe

Nachmittags bis Mitternacht werden die Stunden von **13 bis 24 gezählt.**

trois heures

03:00 Uhr

quinze heures

15:00 Uhr

quinze heures quarante-cinq

15:45 Uhr

quinze heures quinze

15:15 Uhr

quinze heures trente

15:30 Uhr

quinze heures cinquante-cinq

15:55 Uhr

quinze heures dix

15:10 Uhr

quinze heures trente-cinq

15:35 Uhr

quinze heures vingt

15:20 Uhr

douze heures

12:00 Uhr

vingt-quatre heures

24:00 Uhr

12 Die Präpositionen

Was sind Präpositionen?

Welche Präpositionen verwende ich für Zeit-, Orts- und Richtungsangaben?

Was muss ich **beachten**?

au dessus
au dessous

Wie der Name sagt, sind **Präpositionen** Wörter,
die anderen **vorangestellt** sind:

Pré (vor) position (Stellung)

Präpositionen des Ortes

... leiten Wortgruppen ein, die
die Frage **wo?** beantworten.

Die Präpositionen der Zeit

... leiten Wortgruppen ein, die
die Frage **wann?** beantworten.

Die modalen Präpositionen

... leiten Wortgruppen ein, die
u.a. die Frage **wie?** beantworten.

wo?	wann?	wie?
à	à	à
en	en	en
pour	pour	pour
de		de
par		par
vers	vers	
dans	dans	
chez	entre .... et	avec
u.a. ...	à partir de	
	dès	
	depuis	
	il y a	
	jusqu'à	
	pendant	

Die Präpositionen des Ortes

Die Präposition **à** dient der Angabe von allgemeinen Zielen oder Aufenthaltsorten.

à › **allgemeine Orte** › **an / in / nach / zu**

Il va souvent **à** la banque et **à** la plage.
Sie geht oft **zur** Bank und **an** den Strand.

À verschmilzt mit **le** zu **au** und mit **les** zu **aux**.

à + le	=	au
à + les	=	aux

Maria habite **à** Lisbonne **au** Portugal.
Maria wohnt **in** Lissabon **in** Portugal.

Cet été, elle veut aller **aux** États Unis.
Diesen Sommer möchte sie **in** die Vereinigten Staaten fahren.

Achtung!
Weibliche Länder werden mit der Präposition **en** eingeleitet:

Je vais **en** France.
Ich fahre **nach** Frankreich.

Die Präposition **chez** dient der Angabe von Zielen und Aufenthaltsorten bei Personen oder bei Firmennamen.

chez > Personen oder Firmennamen > bei / zu

Je suis **chez** elle.
Ich bin **bei** ihr.

Je vais **chez** elle.
Ich gehe **zu** ihr.

Die Präposition **dans** dient der Angabe von
konkreten Ortsangaben, z.B. in Räumen oder Behältnissen.

dans > **Behälter oder beinhaltender Ort** > **in / in ... hinein**

Je suis **dans** le salon.
Ich bin **im** Wohnzimmer.

Je suis **dans** une boite.
Ich bin **in** einer Kiste.

Die Präposition **de** gibt die Herkunft, den Ursprung oder den Ausgangspunkt an.

de > **Herkunft, Ursprung oder Ausgangspunkt** > **aus von**

Elle vient **de** France.
Sie kommt **aus** Frankreich.

De verschmilzt mit **le** zu **du** und mit **les** zu **des**.	**de** + le = **du** Ils rentrent **du** travail. Sie kommen **von** der Arbeit zurück. **de** + les = **des** Je reviens **des** Etats-Unis. Ich komme **aus** den Vereinigten Staaten zurück.
Vor Vokal und stummem h wird **de** zu **d'**.	C'est un vin **d'**Alsace. Das ist ein Wein **aus** dem Elsass.

Die Präposition **en** steht bei Aufenthaltsorten und Zielen von
weiblichen Ländernamen, Regionen oder Provinzen.

en > **weibliche Ländernamen oder bestimmte Ausdrücke** > **nach in**

Je vais en Italie, en Calabre.
Ich fahre **nach** Italien, **in** Kalabrien.

Einige **bestimmte Ausdrücke** werden auch von **en** eingeleitet, z.B.:

Je pars en vacances.
Ich fahre **in den** Urlaub.

Die Präposition **par** bezeichnet das Durchqueren eines Raumes.

par > **Durchqueren eines Raumes** > **durch hindurch**

Meistens wird es mit Verben der Bewegung benutzt, z.B. **passer par**:

Il passe **par** le tunnel.
Er fährt / geht **durch** den Tunnel.

Die Präposition **pour** bezeichnet den Zielpunkt einer Reise oder Fahrt.

pour > **Zielpunkt einer Reise** > **nach**

Z.B. in Verbindung mit den Verben **partir** wegfahren oder **embarquer** an Bord gehen:

Je pars jeudi pour le Maroc.
Ich fahre Donnerstag **nach** Marokko.

Die Präposition **vers** bezeichnet die Richtung einer Bewegung.

vers > **Richtung** > **in Richtung / nach / zu**

Z.B. ein Land, eine Stadt, eine Himmelsrichtung oder eine Person:

Nous roulons **vers** l'ouest.
Wir fahren **Richtung** Westen.

Il se tourne **vers** elle.
Er dreht sich **zu** ihr um.

en face de
gegenüber

La boulangerie est **en face de** l'école.
Die Bäckerei ist **gegenüber der** Schule.

à côté de
neben

La papeterie est **à côté de** la supérette.
Der Schreibwarenladen ist **neben** dem kleinen Supermarkt.

entre
zwischen

La poissonnerie est **entre** la pharmacie et la librairie.
Der Fischladen ist **zwischen** der Apotheke und der Buchhandlung.

au bout de
am Ende von

Le fleuriste est **au bout de** la rue.
Der Blumenladen ist **am Ende der** Straße.

près de
nahe von

Le marchand de journaux est **près du** café.
Der Zeitungsladen ist **neben dem** Café.

loin de
weit von

La boucherie est **loin du** cinéma.
Die Fleischerei ist **weit weg vom** Kino.

sous
unter

La table est **sous** le lustre.
Der Tisch ist **unter** dem Kronleuchter.

sur
über

Les fleurs sont **sur** la table.
Die Blumen sind **auf** dem Tisch.

à droite de
rechts von

La porte est **à droite du** fauteuil.
Die Tür ist **rechts von** dem Sessel.

à gauche de
links von

Les fleurs sont **à gauche de** la théière.
Die Blumen sind **links von** der Teekanne.

devant
vor

La table est **devant** moi.
Der Tisch ist **vor** mir.

derrière
hinter

Le fauteuil est **derrière** moi.
Der Sessel ist **hinter** mir.

au fond de
hinten in

Les toilettes sont **au fond du** couloir.
Die Toiletten sind **hinten im** Korridor.

Die Präpositionen der Zeit

Die Präposition **à** leitet einen **genauen Zeitpunkt** ein.

Einfach!
À ersetzt sowohl **um** als auch **an**, **in**.

à > **genaue Zeitpunkte** > **um an mit in**

Il fait froid **à** Noël.
An Weihnachten ist es kalt.

Je m'arrête **à** cinq heures.
Ich höre **um** fünf Uhr auf.

Elle s'est mariée **à** trente ans.
Sie hat **mit** dreißig geheiratet.

Achtung! Man sagt:

au printemps
im Frühling

aber:

en été, **en** automne, **en** hiver
im Sommer, **im** Herbst, **im** Winter

À partir de gibt den Anfangspunkt einer Handlung in der Gegenwart oder in der Zukunft an.

à partir de > **Anfangspunkt einer Handlung** > **ab / von ... an**

À partir de maintenant, je mets une cravate.
Von nun **an** ziehe ich eine Krawatte an.

Je travaillerai **à partir de** dix heures.
Ich werde **ab** zehn Uhr arbeiten.

Après wird einfach wie
nach verwendet.

après > Zeitpunkt **nach** einem anderen Zeitpunkt > **nach**

Je vais terminer mon travail **après** Noël.
Ich werde meine Arbeit **nach** Weihnachten beenden.

Als Präposition der Zeit wird **avant** einfach wie **vor** verwendet.

avant > Zeitpunkt **vor** einem anderen Zeitpunkt > **vor**

J'ai terminé mon travail **avant** Noël.
Ich habe meine Arbeit **vor** Weihnachten beendet.

Als Präposition der Zeit wird **dans** vor einer Dauer verwendet, die auf einen zukünftigen Zeitpunkt verweist.

dans > **Dauer bis zu einem zukünftigen Zeitpunkt** > **in**

Nous arrivons **dans** une minute!
Wir kommen **in** einer Minute!

Dès bezeichnet den Anfangszeitpunkt einer Handlung, der besonders frühzeitig erscheint.

dès > **frühzeitiger Anfangszeitpunkt** > **bereits seit von (Anfang) an gleich ...**

Dès wird für Handlungen in der **Vergangenheit**, in der **Gegenwart** oder in der **Zukunft** verwendet.

Je t'appellerai **dès** mon retour.
Ich werde dich **gleich nach** meiner Rückkehr anrufen.

Il était chef **dès** l'âge de trente ans.
Bereits mit dreißig war er Chef.

Depuis wird einfach wie **seit** verwendet.
Man gibt damit den **Anfangszeitpunkt** oder die **Zeitspanne** eines Zeitraumes an, der **in der Vergangenheit begonnen hat und bis zur Gegenwart** dauert.

depuis > **vergangener Zeitraum bis heute** > **seit**

Die Präposition **en** bezeichnet einen bestimmten Zeitraum, in dem sich die Handlung vollzieht.

en > **Zeitraum** > **in**
innerhalb von
im (Monat / Jahr)

Je vais tout balayer **en** cinq minutes.
Ich werde **in** fünf Minuten alles fegen.

Außerdem steht **en** vor **Monatsnamen** und **Jahreszahlen**, sowie vor den **Jahreszeiten, die mit Vokal anfangen**.

en > **Monate**
Jahreszahlen
vor été, automne, hiver

Bei Monatsnamen kann man statt **en** auch **au mois de** verwenden.

Il partira **en** juillet.
Er wird **im** Juli wegfahren.

Il partira **au mois de** juillet.
Er wird **im** Juli wegfahren.

Man verwendet **entre ... et** einfach wie **zwischen ... und**.
Als Präposition der Zeit bezeichnet es einen Zeitraum, der zwischen zwei Zeitpunkten liegt.

entre ... et > **Zeitraum zwischen zwei Zeitpunkten** > **zwischen ... und**

Le train arrive **entre** huit **et** neuf heures.
Der Zug kommt **zwischen** acht **und** neun Uhr an.

Mit **il y a** bezeichnet man einen vergangenen Zeitpunkt.
Man verwendet **il y a** einfach wie **vor**.

il y a > **vergangener Zeitpunkt** > **vor**

Zoé a eu son bac
il y a un an.
Zoé hat ihr Abi **vor**
einem Jahr bestanden.

Als Präposition der Zeit, gibt **jusque** den Endzeitpunkt eines Zeitraumes an. Es wird einfach wie **bis** verwendet.

Jusque wird meistens mit der Präposition **à** in der Form **jusqu'à** verwendet.

jusqu'à > **Endzeitpunkt** > **bis**
bis zu

J'attends encore **jusqu'à** trois heures deux.

Ich warte noch **bis** drei Uhr zwei.

Die Verschmelzungsregeln von **à** + Artikel gelten auch für **jusqu'à**:

jusqu'à + le	=	**jusqu'au**
jusqu'à + les	=	**jusqu'aux**

Il est resté là **jusqu'au** lendemain.

Er ist **bis zum** nächsten Tag dageblieben.

Mit **pendant** bezeichnet man eine Zeitdauer, während der etwas stattfindet.

Man verwendet **pendant** einfach wie **während**.

pendant > **Zeitdauer während der etwas stattfindet** > **während ... lang**

Elle a lu **pendant** trois jours.

Sie hat drei Tage **lang** gelesen.

Pour dient zur Angabe einer Dauer, die mit einem bestimmten Ziel verbunden ist.

pour › **Dauer** mit bestimmtem **Ziel** › **für (die Dauer von)**

J'arrête **pour** toujours.
Ich höre **für** immer auf.

Je suis allé à New-York **pour** deux semaines.
Ich bin **für** zwei Wochen nach New-York gefahren.

Mit **vers** als Präposition der Zeit gibt man einen ungefähren Zeitpunkt an.

vers > **ungefährer Zeitpunkt** > **gegen**

Il viendra **vers** six heures.
Er wird **gegen** sechs Uhr da sein.

Die modalen Präpositionen

Die Präposition **à** bringt Folgendes zum Ausdruck:

(manchmal) **mit**

à

Zweck

C'est un verre **à** vin!
Das ist ein Weinglas!

Art und Weise

Il faut écrire **au** crayon.
Man muss **mit** dem Bleistift schreiben.

à

Preisangabe

Le kilo est **à** 1,50 euro.
Das Kilo kostet 1,50 Euro.

Entfernung

Notre hotel est **à** dix kilomètres d'ici.
Unser Hotel ist zehn Kilometer von hier **entfernt**.

Fortbewegungsart
(mit oder ohne Verkehrsmittel)

J'y vais **à** pied / **à** vélo.
Ich gehe **zu** Fuß /fahre **mit dem** Fahrrad dorthin.

Die Präposition **de** bringt Folgendes zum Ausdruck:

aus
vor
mit

de

Ursache

Il a crié **de** peur.
Er hat **vor** Angst geschrien.

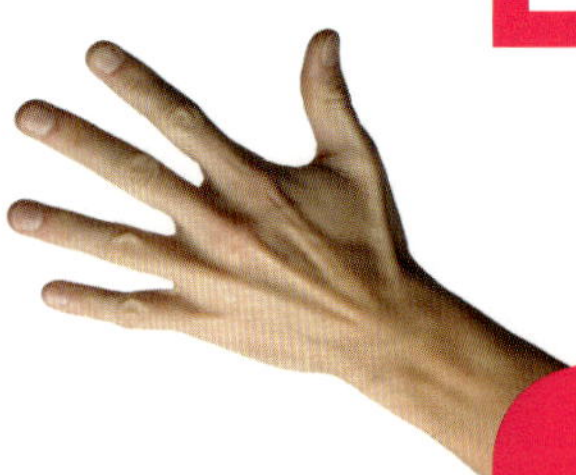

Körperteil

Je faisais signe **de** la main.
Ich winkte **mit** der Hand.

de

Materialangabe

C'est **de** la laine.
Das ist Wolle.

Mengenangabe

On doit acheter deux litres **de** lait.
Wir müssen zwei Liter Milch kaufen.

Die Präposition **en** bringt Folgendes zum Ausdruck:

mit
aus

en

Fortbewegung mit Transportmittel

J'y vais **en** avion.
Ich fliege **mit** dem Flugzeug dorthin.

Materialangabe

Ces bagues sont **en** or.
Diese Ringe sind **aus** Gold.

à

en

Für das Fahrrad können Sie sowohl **à** als auch **en** verwenden.

Fortbewegung mit Fahrrad

J'y vais **à** vélo / bicyclette.
Ich fahre **mit** dem Fahrrad dorthin.

J'y vais **en** vélo / bicyclette.
Ich fahre **mit** dem Fahrrad dorthin.

de

en

Materialangaben können Sie mit **de** oder mit **en** ausdrücken.

Materialangabe

C'est **de** la laine.
Das ist Wolle.

Ce pull est **en** laine.
Dieser Pulli ist **aus** Wolle.

Die Präposition **par** bringt Folgendes zum Ausdruck:

per
durch
aus
pro

par

Mittel

Cette lettre est arrivée **par** avion.
Dieser Brief ist **per** Flugzeug angekommen.

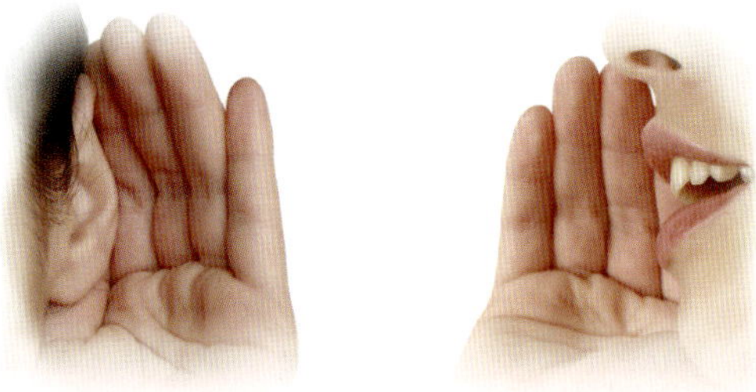

Urheber

J'ai appris la nouvelle **par** Nathalie.
Ich habe die Nachricht **durch** Nathalie erfahren.

par

Beweggrund

Elle a freiné **par** peur de l'écraser.
Sie hat gebremst **aus** Angst, ihn zu überfahren.

Verteilung

La chambre coûte 100 € **par** personne.
Das Zimmer kostet 100 € **pro** Person.

Die Präposition **avec** bringt Folgendes zum Ausdruck:

mit

^

avec

Mittel / Werkzeug

Elle boit **avec** un gobelet en plastique.
Es trinkt **mit** einem Plastikbecher.

Die Präposition **pour** bringt Folgendes zum Ausdruck:

für
um

pour

Preisangabe

Je l'ai achetée **pour** 20 €.
Ich habe sie **für** 20 € gekauft.

Zweck

Il travaille **pour** gagner de l'argent.
Er arbeitet **um** Geld zu verdienen.

13 Die Konjunktionen

Was sind Konjunktionen?

Was kann ich mit ihnen **machen**?

Welche **Arten** von Konjunktionen gibt es?

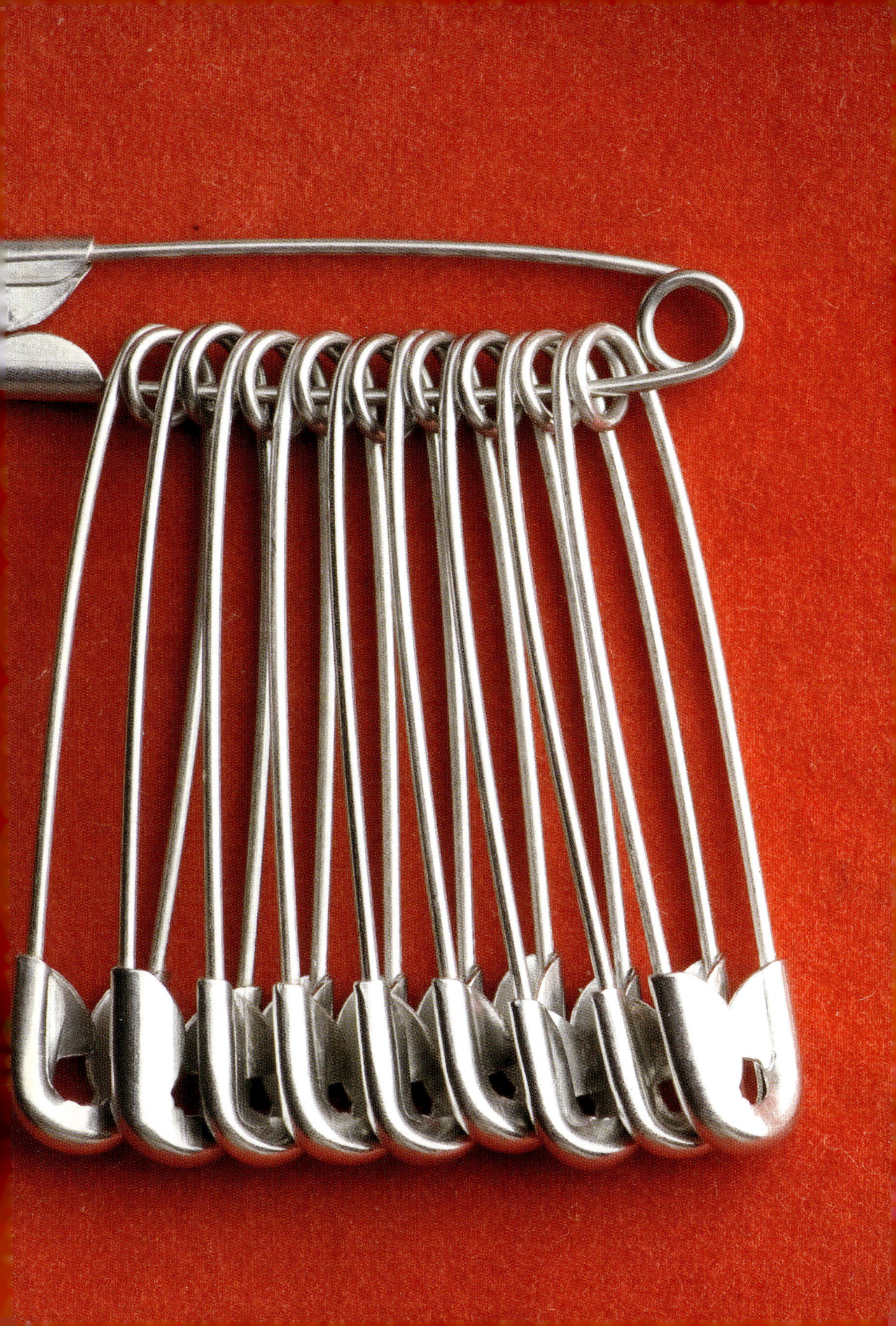

Mithilfe von Konjunktionen kann man Sätze oder Satzteile miteinander verbinden.

Man unterscheidet zwischen beiordnenden Konjunktionen, die Hauptsätze verbinden:

Hauptsatz — **beiordnende Konjunktionen** — **Hauptsatz**

Mit diesem Merksatz können sich französische Schüler die beiordnenden Konjunktionen **mais**, **ou**, **et**, **donc**, **or**, **ni**, **car** merken:

Mais où est donc Ornicar ?

Aber wo ist nur Ornicar?

… und unterordnenden Konjunktionen, die Haupt- und Nebensätze verbinden:

Achtung!
Nach **manchen** unterordnenden Konjunktionen folgt das **subjonctif**.

Beiordnende Konjunktionen

Die Konjunktion car denn

Hauptsatz **car** **Hauptsatz**

Je me détends **car** je suis stressé.

Ich entspanne mich, **denn** ich bin gestresst.

Beiordnende Konjunktionen verbinden gleichrangige Sätze (=Hauptsätze). Ihnen folgt ganz einfach der **Indikativ**.

Die Konjunktion donc also

Hauptsatz **donc** **Hauptsatz**

Je pense **donc** je suis.
Ich denke, **also** bin ich.
(René Descartes, 1637)

Die Konjunktion et und

Hauptsatz | **et** | **Hauptsatz**

Elle dort **et** je lis.
Sie schläft **und** ich lese.

Die Konjunktion **mais** aber

Hauptsatz | **mais** | **Hauptsatz**

Je travaille **mais** je n'avance pas.
Ich arbeite, **aber** ich komme nicht voran.

Die Konjunktion **ni ... ni** weder ... noch

Hauptsatz | **ni ... ni** | Hauptsatz

Als beiordnende Konjunktion wird **ni ... ni** fast nur **literarisch** benutzt. Es steht dann am Anfang des Satzes:

Ni elles courent, **ni** elles rient.
Weder rennen sie, **noch** lachen sie.

ni ... ni steht jedoch meistens als einfache Negation:

Je n'aime **ni** les glaces, **ni** le chocolat.
Ich mag **weder** Eiskrem **noch** Schokolade.

Die Konjunktion **ou** oder

Hauptsatz **ou** Hauptsatz

On fait ça pour rien **ou** il y a un photogaphe ?
Machen wir das umsonst **oder** gibt es einen Fotograf?

Die Konjunktion **ou … ou** entweder … oder

Hauptsatz | **ou … ou** | **Hauptsatz**

Ou ça passe, **ou** ça casse.

Redewendung im Sinne von:
Alles **oder** nichts.

Die Konjunktion **ou bien** oder

Hauptsatz **ou bien** Hauptsatz

Tu médites **ou bien** tu t'entraînes ?

Meditierst du **oder** trainierst du?

Unterordnende Konjunktionen

Unterordnende Konjunktionen verbinden Haupt- und Nebensätze.

Hauptsatz

Nach einigen unterordnenden Konjunktionen folgt einfach der **Nebensatz im Indikativ**.

> **Nebensatz im Indikativ**

Hier die wichtigsten:

parce que
weil

comme
da

du fait que
da

puisque
da

tant que
solange

si
wenn

Das drückt man mit ihnen aus:

> **Grund**

Je ne peux pas sortir ce soir **parce que** j'ai de la visite.
Ich kann heute Abend nicht ausgehen, **weil** ich Besuch habe.

Übrigens!
In diesem Satz können Sie **parce que** beliebig mit **du fait que**, **puisque**, **tant que** oder **si** ersetzen:

Comme j'ai de la visite, je ne peux pas sortir ce soir.
Da ich Besuch habe, kann ich heute Abend nicht ausgehen.

si bien que
sodass
de sorte que
sodass

→ **Konsequenz**

Il s'est caché **si bien que** personne ne l'a vu.
Er hat sich versteckt, **sodass** ihn niemand gesehen hat.

quand
als, wenn
lorsque
als, wenn
pendant que
während
dès que
sobald
depuis que
seit, seitdem

→ **bestimmte Zeit oder Dauer**

Il n'a plus de temps **depuis qu'**il travaille.
Er hat keine Zeit mehr, **seitdem** er arbeitet.

Hauptsatz

Nach einigen unterordnenden Konjunktionen folgt der **Nebensatz** im **subjonctif**.

Nebensatz
im
subjonctif

supposé que
angenommen, dass
à condition que
unter der Bedingung, dass
pourvu que
vorausgesetzt, dass

Hypothese

Il ira loin **pourvu qu'**il ne se **perde** pas.
Er wird weit gehen, **vorausgesetzt** er verläuft / verfährt sich nicht.

bien que
obwohl
quoique
obwohl
malgré que
obwohl, obgleich
sans que
ohne dass

Widerspruch
oder
Einschränkung

Il roule vite **bien qu'**il ne **soit** pas pressé.
Er fährt schnell, **obwohl** er es nicht eilig hat.

pour que
damit
afin que
damit
de peur que
damit nicht

> **Ziel**

Je vais le lui dire **pour qu'**il le **sache**.
Ich werde es ihm sagen, **damit** er es weiß.

jusqu'à ce que
bis
avant que
bevor

> **zeitliches Ziel**

J'attendrai **jusqu'à ce que** tu **viennes**.
Ich werde warten, **bis** du kommst.

14 Die Aussprache

Was muss ich bei der Aussprache im Französischen beachten?

Welche Unterschiede gibt es zwischen Schreibweise und Aussprache?

Welche Laute **unterscheiden** sich vom Deutschen und welche sind **gleich**?

Zwischen Schreibweise und Aussprache gibt es im Französischen oft große Unterschiede.

Buchstabenkombinationen und Akzente

Ende des Wortes

Die Liaison / Bindung

Vokalklänge

ai
è
ê

ä / [ɛ]

Was ist stumm?

Diese Frage bereitet vielen Schwierigkeiten! Französische Schulkinder nennen das **e** am Ende eines Wortes **lettre coquine** (frecher Buchstabe).

Verb -ent

✗

Wann und wann nicht ?

Buchstabenkombinationen und Akzente

Bildung der Vokal-Klänge

Durch Buchstabenkombinationen oder Akzente werden unterschiedliche Vokal-Klänge gebildet:

Akzente auf anderen Buchstaben als e machen beim Sprechen keinen Unterschied.

Buchstaben	Klang	Beispiel
a	a / [a]	il **a** er hat
e	Fall**e** / [ə]	j**e** ich
i y	i / [i]	**i**l er
o au eau	o / [o]	b**eau** schön
u	ü / [y]	m**u**r Mauer
eu	ö / [ø]	f**eu** Feuer
ou	u / [u]	f**ou** verrückt
ai è ê	ä / [ɛ]	vr**ai** war **ê**tre sein
é	e / [e]	**é**t**é** Sommer

3 Vokal-Klänge, die es im Deutschen nicht gibt:

Buchstaben	Klang	Beispiel
an en	Ch**an**son / [ɑ̃]	ch**an**t Gesang
in un ain ein	Bass**in** / [ɛ̃]	m**ain** Hand pl**ein** voll
on	B**on**b**on** / [ɔ̃]	m**on** mein

Achtung!
Vor b und p wird **on** zu **om**. Es wird trotzdem [ɔ̃] ausgesprochen; z. B. nombre [nɔ̃bʀ].

c / ç

ca
co
cu

k / [k]

Coca-cola

Gefolgt von **a**, **o** oder **u** wird **c** wie **k** ausgesprochen.

ce
ci

s / [s]

Gefolgt von **e** oder **i** wird **c** wie **s** in Ast ausgesprochen.

ceci dieses

ça
ço
çu

Mit einer **cédille** wird **c** wie **s** ausgesprochen.

nous lançons wir werfen

g / ge / gu und j

ga
go
gu

g / [g]

Gefolgt von **a**, **o** oder **u** wird **g** wie **g** ausgesprochen.

gue
gui

le garage
Guillaume

ge
gi

Garage / [ʒ]

Gefolgt von **e** oder **i** wird **g** wie **j** ausgesprochen.

le garage

ja
jo
ju

Das französische **j** wird [ʒ] ausgesprochen.

Bonjour Guten Tag

s und ss

Am Wortanfang wird **s** wie **s** in Ast ausgesprochen.

s-
Vokal-SS-Vokal

s / [s]

Zwischen 2 Vokalen wird **ss** wie **s** in Ast ausgesprochen.

Sophie
aussi (auch)

Vokal-S-Vokal

s / [z]

Zwischen 2 Vokalen wird **s** wie **s** in Sonne ausgesprochen.

oser wagen

Ende des Wortes – Was ist stumm?

Stumme Endbuchstaben

Ein **s** oder ein **x** am Ende eines Wortes ist meistens stumm. (z.B. Plural)

les rires [lɛ ʀiʀ]
die Gelächter

heureux [øʀø]
froh

Ein **t**, **d** oder **p** am Ende eines Wortes ist meistens stumm.

petit [pəti]
klein

il prend [il pʀɑ̃]
er nimmt

trop [tʀo]
zu viel

Die Endung **-ent** von Verben (3. P. Plural) ist stumm.

ils rient [il ʀi]
sie lachen

Achtung!
Bei Adverbien auf **-ent** wird es als [ɑ̃] ausgesprochen (lentement / langsam)

Endung auf -e

Das **e** am Ende eines Wortes ist stumm.

lire [liʀ]
lesen

Der vorige Konsonant

Durch das **e** am Ende eines Wortes wird der vorige Konsonant hörbar.

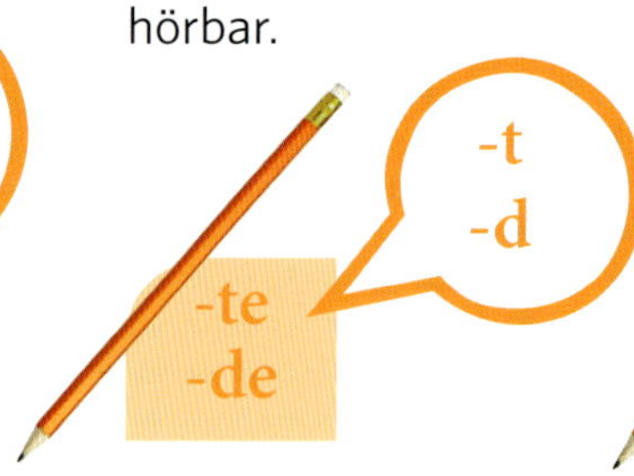

petite [pətit]
klein (♀)

grande [gʀɑ̃d]
groß (♀)

Endungen auf dem Klang e / [e]

Mehrere Endungen ergeben denselben Klang e [e]:

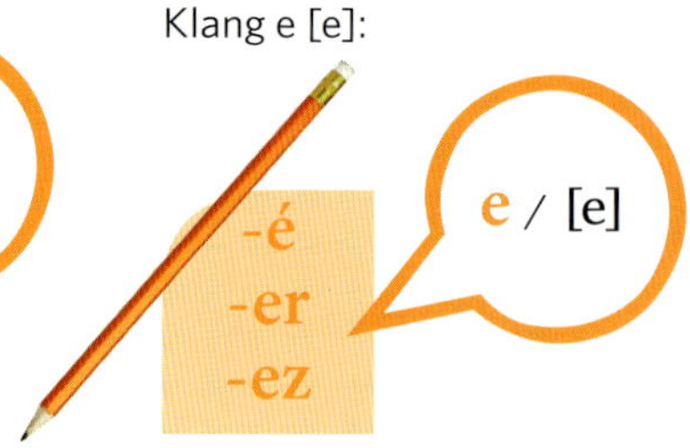

parlé [paʀle]
gesprochen

manger [mɑ̃ʒe]
essen

venez [vəne]
kommt / kommen Sie

Die Liaison / Bindung

Eine gesprochene Bindung zwischen zwei Wörtern nennt man Liaison.

Sie wird gemacht, indem der letzte Konsonant eines Wortes (der sonst nicht ausgesprochen werden würde) mit dem Anfangsvokal des nächsten Wortes verbunden und dadurch hörbar wird.

Es gibt obligatorische und verbotene Liaisons.

s / [z]

t / [t]

-s -t
-x -d

Nach **s** oder **x** wird die Liaison **s** [z], nach **t** oder **d** wird die Liaison **t** [t] ausgesprochen.

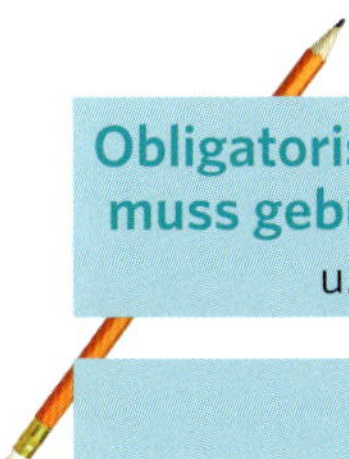

Obligatorische Liaison (es muss gebunden werden)

u.a. nach:

un	**un**_ami
les, des	**des**_images
ces	**ces**_ogres
mon, ton, son	**ton**_ours
mes, tes, ses	**ses**_affaires
nos, vos, leurs	**vos**_envies
aux	**aux**_oiseaux
aucun, tout	**tout**_arrive
quels, quelles quelques	**quels**_ogres ?
dans, chez, sans, en	**sans**_elle
alle Zahlen	**trois**_amis
on	**on**_a faim
vous	**vous**_oubliez
ils	**ils**_ont soif
elles	**elles**_iront
est	c'**est**_idiot
Adjektiv + Substantiv	**petit**_âne

Verbotene Liaison

u.a.

vor

einigen Wörtern mit sogenanntem **h** aspiré:

les **h**aricots
les **h**éros

nach
et:

la lune e**t** **u**ne étoile

combien:

combie**n** **e**n voulez-vous ?

Subjekt + Verb:

le trai**n** **a**rrive

STICHWORTREGISTER

BILDNACHWEIS

Alle Piktogramme (Symbol Mann/Frau): shutterstock (Leremy), S.3: fotolia/ DiMmEr, S. 4 + 5: fotolia/ peshkova, S. 6: © LoloStock - Fotolia.com, S. 7: (oben): © tobago77 - Fotolia.com, (unten): shutterstock / Sergey Novikov, **KAPITEL 1:** S. 10: (Abby_Normal), S. 11: Fotolia/ Opidanus, S. 12: thinkstock (Photodisc/ Erik Snyder), S. 13: Junge: thinkstock (JanKangurowski), Mann mit Büchern: fotolia/ Serg Nvns, Auge: thinkstock (vitor costa), Tafel: thinkstock (vanbeets), Mädchen: fotolia/ HaywireMedia, Mann springt: Fotolia/ Creativa, S. 14: fotolia/ dip, S. 16: Baguette: shutterstock.com/Jiri Hera, Marmelade: shutterstock.com/matka_Wariatka, Wasser: thinkstock (Serdarbayraktar), Kind: thinkstock (sumnersgraphicsinc), Schwein: fotolia/ Lucky Dragon, Klee: thinkstock (masaltof), Käfer: http://www.fotolia.com/id/14336034, Hufeisen: fotolia/ ksena32, Zucker: © meirion - Fotolia.com, Milch: shutterstock/ Larisa Lofitskaya, Kaffee: thinkstock (karandaev), S. 17: thinkstock (Łucja Ceynowa), **KAPITEL 2:** S. 19 + 20: shutterstock/ Gemenacom, S. 24: Windrose: thinkstock (Nastco), chemische Elemente: shutterstock/ Kesu, Ringe: fotolia/ Marc Dietrich, Flugzeug: thinkstock (Brostock), Krokus: fotolia/ Marty Kropp, Flip-Flops: thinkstock (kamnuan), Kürbis: thinkstock (Baks), Mütze: thinkstock (Paolo_ Toffanin), S. 25: Doktorhut: shutterstock/ RTimages, Auto: fotolia/ amelie, Mann: fotolia/ jinga80, S. 30: (Sternenstaub): thinkstock/ Laboko, (Fee): thinkstock (Comstock), S.31: © Ermolaev Alexandr - Fotolia.com, **KAPITEL 3:** S. 32: thinkstock/ Ron Chapple Studios, S. 33: thinkstock/ GlobalP, S. 36: shutterstock/ olly, S. 37: Bilderrahmen: iStock/ wambi, Kutsche: thinkstock (Erik Lam), Kind: © Syda Productions - Fotolia.com, Fisch: fotolia / stockphoto-graf, S.38: Mann bügelt: shutterstock/ Ljupco Smokovski, Junge schaut Bein hoch: thinkstock (Zurijeta), Mann verzweifelt: shutterstock/ Kamil Macniak, Mann hält Hosentaschen: fotolia / Jürgen Fälchle, S.39: Frau im Spiegel: thinkstock (Gabe Palmer), S. 40: Schild „Chemin Prive": thinkstock (toneteam), Schild „Propriete Privee" thinkstock (Danny Lagrouw), Buch: fotolia / Alessandro Margiotta, Auto: fotolia / Konstantinos Moraiti, S. 42: Bäume: fotolia/ pp76, S. 42: Haus Porzellan: Haus Porzellan: fotolia / vitanovski, Haus aus Knet: fotolia / specnaz7, Blockhaus: fotolia / Gernot Krautberger, Miniaturhaus: fotolia / klickerminth, S. 43: Handtasche: thinkstock (Zoonar/homydesign),S. 45: thinkstock/ Nataliya Kuznetsova, S. 48, Hand mit Apfel: thinkstock (graffoto8), Glasschuh: © Sashkin - Fotolia.com, S. 49 Daumen hoch/runter: fotolia/ Joe Graetz, springender Hund: thinkstock (Ron Chapple Studios), sitzender Hund: thinkstock (GlobalP), **KAPITEL 4:** S. 50 + 51: © alphaspirit - Fotolia.com, S. 52 + 53: © Nikolai Sorokin - Fotolia.com, S. 53: Puzzlestücke: © Nikolai Sorokin - Fotolia.com, S. 54: gestreckte Hände: thinkstock (CursedSences), Frau auf Parkbank: © K.- P. Adler - Fotolia.com, S. 55: Männer in Balletkostümen: © K.- P. Adler - Fotolia.com, Bankräuber: © apops - Fotolia.com, S. 58 + 59: Puzzlestücke: © Nikolai Sorokin - Fotolia.com: S. 60: Polizisten Bobbycar: thinkstock (Siri Stafford), S. 62 + 63, **KAPITEL 5:** Teddys: shutterstock/ Smileus, S. 64: Hund mit Herrchen: thinkstock (laurent Renault), S. 68: Landschaft: © elen_studio - Fotolia.com, S. 69: Icons Tageszeiten: shutterstock/ Alila Medical media, **KAPITEL 6:** S. 72 + 73: © LoloStock - Fotolia.com, S. 90: Esel: thinkstock (Eric Isselée), S. 95: © Scott Griessel - Fotolia.com **KAPITEL 7:** S. 98 + 99: Fotolia/ imageegami, S. 103 fotolia/ El Gaucho, S. 105: fotolia / roostler, S. 107: © Vera Kuttelvaserova - Fotolia.com, **KAPITEL 8:** S. 108 + 109: shutterstock/ B Calkins, S. 125: © Edler von Rabenstein - Fotolia.com, S. 135: © carballo - Fotolia.com, S. 138: thinkstock (Bruce Willey Photography), S. 143: fotolia / contrastwerkstatt, S. 152: (Fußballfeld): © jarma - Fotolia.com, (Fußball): thinkstock (Oleksii Sagitov), S. 158: © Luis Louro - Fotolia.com, S. 167: thinkstock (Morozov67), **KAPITEL 9:** S. 176 + 177: shutterstock / Sergey Novikov, S. 178: rennende Männer: Anna Ceglinska, S. 180 (beide): thinkstock (michele piacquadio), S. 181: Mann wartend: fotolia / stokkete, leere Klopapierrolle: thinkstock (Oliver Hoffmann), S. Schloss: thinkstock (Sylphe_7), Mädchen: thinkstock (Chris Amaral), S. 183: Kellertreppe: thinkstock/ MLiberra, Spinnrad: © olenakucher - Fotolia.com, S. 184: schwangere Frau: © Gelpi - Fotolia.com, Rosenhecke: © cmfotoworks - Fotolia.com, S. 185: Wecker: thinkstock/ sigmaf68, S. 185: (Uhr): thinkstock/ sigmaf68, (Frau und Ritter): thinkstock/ Alina Pavlova, S. 186: Frau: thinkstock/ LUNAMARINA, Schild: fotolia / kikkerdirk, S. 187: thinkstock (Michele Piacquadio), S. 188: fotolia/ alphaspirit, S. 189: Einhorn: thinkstock/ Sylphe_7, Mädchen: fotolia / Sergey Nivens, S. 190: fotolia / pict rider, S. 191: Mann: thinkstock (Michael Blann), Mann isst: fotolia/ killchen, Domino: S. 194: fotolia/ pathdoc, S. 195: Mann mit Regenschirm: thinkstock innovatedcaptures), S. 197: Whisky in Glas: thinkstock (Santiaga), S. 198 + 199: fotolia / stokkete, S, 200: thinkstock (Marko Marcello), S. 201: thinkstock (Fuse), S. 202: Haus oben: thinkstock (Anastasiya Zolotnitskaya), Haus unten: thinkstock (NA), S. 203: thinkstock/ rodjulian, **KAPITEL 10:** S. 204 + 205: thinkstock (belchonok), S. 208: © Robert Neumann - Fotolia.com, S. 209: fotolia/ Lars Christensen, S. 210: thinkstock/ (LUNAMARINA), S. 211: © giuly blanchet - Fotolia.com, S. 213: thinkstock (Maria Teijeiro), S. 214: © Lifeinapixel - Fotolia.com, S. 215: thinkstock/ (LUNAMARINA), S. 216: shutterstock/ Pete Pahham, S. 217: © alphaspirit - Fotolia.com, S. 219: fotolia/ rangizzz, S. 221: thinkstock (BobWes), S. 222 + 223: (Eldad Carin), S. 224: thinkstock (gpointstudio), S. 225: thinkstock (Korovin), S. 226: thinkstock (Big Cheese Photo), S. 227: © olly - Fotolia.com, S. 228: fotolia / Oleksii Sergieiev, S. 230: Mann springt; thinkstock (Sergey Nivens), Frau: thinkstock (CREATISTA), **KAPITEL 11:** S. 234 + 235: fotolia/ Thomas, S. 238: shutterstock/ defotoberg, S. 240: fotolia/ dip, S. 241: © Lucky Dragon - Fotolia.com, S. 254: © linkova - Fotolia.com, S. 246: Pärchen: © EMrpize - Fotolia.com, S. 248: Bier: © Mara Zemgaliete - Fotolia.com, S. 249: thinkstock/ Thomas Northcut, S. 250: Uhr orange: thinkstock (thavornc), Uhr gold: fotolia / David Wood, S. 250+251: thinkstock/ IDymax, S. 251: oben rechts: thinkstock (Nikodash), unten: thinkstock (myphotostop), S. 252 + 253: shutterstock / Sergey Novikov, **KAPITEL 12:** S. 254 + 255: © niyazz - Fotolia.com, S. 258: thinkstock/ neloasa, S. 259: Mann: thinkstock (PIKSEL), S. 260: thinkstock/ Michael Blann, S. 262: thinkstock (Dirima), S. 263: fotolia / frenzelll; S. 264: thinkstock (Thomas Northcut), S. 265: thinkstock (amanalang), S. 266: Tafel: thinkstock (Jupiterlmages/ Stockbyte), Baguette: thinkstock (Valengilda), Schreibwaren: thinkstock (naihei, Einkaufswagen: thinkstock (IvonneW), Apothekenflasche: thinkstock (Oliver Hoffmann), Fisch: thinkstock (Frans Rombout), Bücher: thinkstock (Fuse), Brautstrauß: thinkstock (Rodrusoleg), Schild: thinkstock (amanalang), Kaffee: thinkstock (karandaev), Zeitung: thinkstock (broken3), Salami: thinkstock (anna1311), Popcorn: thinkstock (Gizelka), S. 267: Kronleuchter: © ramzi hachicho - Fotolia.com, Tisch: © arsdigital - Fotolia.com, Blumen: thinkstock (neirfy), Sessel: thinkstock (hideko1979), Tür: thinkstock (vetkit), Teekanne: thinkstock (sewer11), junger Mann: thinkstock (m-imagephotography), Frau rennt: thinkstock, S. 268: thinkstock (nayneung1), S. 269: thinkstock (stokkete), S. thinkstock (Nastco), S. 271: thinkstock (AndreyPopov), S. 272: © diego cervo - Fotolia.com, S. 273: thinkstock (petrdlouhy), S. 274: thinkstock (IPGGutenbergUKLtd), S. 275: thinkstock (zveiger alexandre), S. 276: thinkstock (flashfilm), S. 277: shutterstock/ stefanolunardi, S. 278: thinkstock (Michael Blann), S. 279: thinkstock (NKMandic), S. 280: thinkstock (decisiveimages), S. 281: thinkstock (ATIC12), S. 282: Weinglas: thinkstock (Magone), Bleistift: © picsfive - Fotolia.com, S. 283: Äpfel: © Michael Schindler - Fotolia.com, Schild: thinkstock (IngramPublishing), Schuhe: thinkstock (Sensay), S. 284: Hand: thinkstock (Rocky89), S. 285: Wollknäuel: thinkstock (ewastudio), S. Milchflschen: thinkstock (Purestock), S. 286: Flugzeug: thinkstock (Brostock), Ringe: fotolia/ Marc Dietrich, S. 287: Fahrrad: © Robert Neumann - Fotolia.com, Wollknäuel: thinkstock (ewastudio), S. 288: Umschlag: thinkstock (Skystorm), (Flüstern): thinkstpck/ fabervisum, S. 289: thinkstock (Jupiterimages), S. 290: thinkstock (Image Source Pink), S. 291: thinkstock (Randy Faris/Fuse), **KAPITEL 13:** S. 292 + 293: shutterstock / 06photo, S. 294 + 295: thinkstock (GooDween123), S. 296: thinkstock (Eyecandy Image), S. 297: fotolia / hikrcn, S. 298: thinkstock (flashfilm), S. 299: thinkstock (gemenacom), S. 300: thinkstock (Frenk Kaufmann), S. 301: thinkstock (CREATISTA), S. 302: thinkstock (Mattia Pelizzar), S. 303: fotilia/ alphaspirit, S. 307: © Maxim Malevich - Fotolia.com, **KAPITEL 14:** S. 308 + 309: © Jonathan Stutz - Fotolia.com, Mund: thinkstock (moodboard), S. 313 Bleistift: © picsfive - Fotolia.com, S. 314: Bleistift: © picsfive - Fotolia.com, S. 315: Mund: thinkstock (moodboard), Bleistift: © picsfive - Fotolia.com

Bilder sagen mehr als 1.000 Worte – noch nie war Französisch so anschaulich!

ISBN: 978-3-12-517897-7
[D] 9,99 € **[A]** 9,99 €

- Alle Wörter, die Sie brauchen: Über 15.000 Begriffe und Redewendungen aus den wichtigsten Lebensbereichen.
- **Richtig aussprechen:** Mit Lautschrift für jedes französische Wort.
- **Gesehen und einfach gemerkt:** Durch Bilder bleibt der Wortschatz besser haften.
- **Leicht gefunden:** Im zweisprachigen Register schnell das richtige Wort nachschlagen.
- **Plus:** App mit den wichtigsten Wörtern für unterwegs.

PONS

www.pons.de